そうだったんだ！　日本語

日本語は親しさを伝えられるか

そうだったんだ！日本語

日本語は親しさを伝えられるか

滝浦真人

岩波書店

編者

井上　優
金水　敏
窪薗晴夫
渋谷勝己

装丁＝後藤葉子
カバーイラスト＝北住ユキ

はじめに――日本語の酸素不足

「国語」を作る

百年と少し前、日本は近代的な国にふさわしい設《しつら》えをしようと、「国語」という名の国家標準語を持とうとした。けれども、その成立過程は、有力な一方言――たとえば長く都があった京都の方言のような――が自然の成り行きで全国で通用する「共通語」に昇格するといったものではなかった。「国語」の制定に向けて、たとえば「国語調査委員会」という機関が国会(帝国議会)に置かれたのは、もう二〇世紀に入ってからの一九〇二(明治三五)年のことだった。明治という新時代を画して「国語」を!という話にしては遅すぎるこのタイミングは、むしろ日清戦争と日露戦争の間の時期と考えた方がわかりやすい。日本が中国やロシアと国家間の戦争をするという一大事と、日本という国が「国語」つまり国家としての標準語を持つという動きが、時を重ねるように起こっていた。標準語がいかに「国」を意識して作られたかという事情がよく見える。

標準語についてもう一つ。標準語を作ろうと考えるには、いわば前提条件がある。それは、江戸時代までのような話し言葉と書き言葉が大きく違う状態ではなく、話し言葉を紙に書いたら書き言葉になると言えるほどに、両者が一致していなければ意味がないということだ。「言文一致」として知られるのがそれだが、話し言葉(「言」)と書き言葉(「文」)についての現代の私たちには当然と思える関係が、たかだか百年前には少しも当たり前ではなかった。話し言葉は各人の出身地ごとの方言だが、江戸時代に全国共通語はなく自由な交通も許されていなかったから、たとえば遠く離れた藩の人同士が各々自分の言葉で話したら、外国語並みにほとんど通じなかった。一方、書き言葉には、文末や句末に「候《そうろう》」という言葉を置いていく「候文」と呼ばれる文体が、公式文書をはじめ日常の書状などにも広く使われていた。話し言葉の通じなさを書き言葉が補う関係にあったと言ってよい。

こうした言文一致と標準語をめぐる事情は、その後の百年間を考える上で大きな示唆となる。明治時代に新生日本を作ろうとした人びとが必要と考えたのは、そのまま書き言葉になるような話し言葉、つまりは〝書ける話し言葉〟だった。裏返しに言えば、そのような言葉を新たに考案しなければならないということ自体、それまでの話し言葉がそのままでは書けない(と考えられた)ことを意味する――だが、この事情はとてもわかりにくくはないだろうか? 文字がなかったわけではないし(もちろん漢字もひらがなもカタカナもあった)、互いに通じにくいとはいえ、諸国方言は現に人びとのコミュニケーションを担っていた。それを〝書けない〟とはどういうことなのだろう?

話し言葉は空気のようなものだから、と言ったら少しイメージが湧くだろうか。これは昔にかぎったことではなく、今の私たちだって、家族や友だちと話している実際の言葉をすべてそのままに書き取ったら、崩れた部分や不完全な部分、無駄な部分が多すぎて、とても普通に読める感じがしないだろう。つまり、書くというのはただの転写や音写にはない何かを残すことであり、空気のような言葉をそのまま転写しただけでは言葉はそこに定着されない。書き言葉は、意味をそこに印づけることが価値なのだ。人びとは言葉の音を読むのではなく、意味の印を読む。

標準語は書き言葉ではない。言文一致なのだから、話し言葉であると同時に書き言葉であり、書き言葉であると同時に話し言葉でもあるような言葉でなければならない。それでこそ、話し言葉の中に意味が印づけられており、話し言葉と書き言葉のアンバランスも解消される。それは理想的なコミュニケーションの道具になるはずだ――どこの方言でもないものとして考えられた「標準語」はそういう理念を負わされていた。だが、その理念はあまりに美しく、それを現実のものとするには初めから少し重すぎる期待ではなかったろうか？　現にどこかの方言である言葉には標準語になる資格がないのだとしたら（本当にそうなのかどうかは別として）、来たるべき標準語はやはり〝どこにもないもの〟として思い描かれるしかなく、話せばそこに意味が印づけられるという理念も、「理想的なコミュニケーション」というよりも「理想化されたコミュニケーション」という方が実際に近かったのではないか。

安心のコミュニケーション

こうした角度から標準語を捉え直してみたいというのが、本書を書こうと思ったきっかけの一つである。そこから具体的な観点がいくつか浮かび上がってくる。

印には形がなければならない。形があるということと、そこに実質があるということは、違う。支離滅裂のような会話をする二人でも、コミュニケーションの実質はちゃんと交わすことができる――東海道を旅する弥次さんと喜多さんの会話はだから可笑《おか》しい。けれども、標準語が欲しいのは、そんな気心の知れた二人の言葉の実質より、誰が見ても(聞いても)それとわかるコミュニケーションの形なのだ。

そうした形への関心は、たとえば印としてのあいさつを発達させた。「おはよう」「おやすみ」「行ってきます」「ただいま」「いただきます」「ごちそうさま」「こんにちは」「さようなら」等々、いつ・どこで・誰が・誰にという条件にあまり左右されることなく使われるこれらのあいさつ言葉は、口にするたびにあいさつという〝ハンコ〟を押しているようなものだが、これがけっして言語の普遍現象でないことはあまり気づかれていないだろう。このような「印」は、英語で言えばtokenが最も近いだろうか、tokenは「名目」とも訳すことができる。そして、標準語の定着とともに、形は型となった。

　あいさつとは言葉でする行為（言語行為）の一つだが、伝達のための言葉に関しても、日本語は、形式の言葉を発達させる一方、実質の言葉にはあまり関心を払ってこなかったように見える。形式の言葉の最たるものは、対人関係の構えを表す専門の言葉「敬語」である。敬語は人間関係の細やかさの反映だといった言い方をくりかえし聞かされるが、少し違った見方をすれば敬語の働きもずいぶん違って見える。敬語はほかに働きがないため、使われたらとても目立つという特徴がある。だから、敬語という印が付いているかぎり、誰から見て誰が上の人か、あるいは誰がよその人で誰がうちの人かといった序列のような人間関係が一目瞭然となる。このような道具がコミュニケーションの実質以前の〝物言う構え〟を表し伝えることは、江戸時代までの身分社会の中で敬語が発達してきた事実に裏打ちされる。

　だが考えるべきなのは、身分社会がなくなった（表向きという限定付きだが）明治以降でも、さらには戦後という時代の民主主義社会でなお、敬語が依然として価値を認められ、人びとが大事なものと考えているように見えることである。敬語とは、相手に対していかにして失礼のないように丁重にふるまうかに関わる道具だが、人間関係の持ち方については、それと対になるあり方として、いかにして上手に人と仲良くなるか、上手く友だちを作るかという動機があるはずだろう。だが、日本で教育を受けた人なら誰でも知っているように、敬語の使い方についてはそれなりに詳しく教わるのに対して、上手な友だちの作り方について教わる公的な機会はまずない。そのように日本語は、敬語という〝敬して避ける〟言葉を発達させてきた一方で、近しい距離感の中での〝親しく交わる〟言葉を発達させてこなかった。

そういうわけで、明治後期から現在までの間に標準語のコミュニケーションは、印としてのあいさつや敬語がはっきりと見えるようなコミュニケーションの型を発展させた。そして、このコミュニケーションには一つのメリットがある。それは、言葉に印づけられるべき意味が目に見える形を持っているため、話す側も聞く側も、それを確認していれば、伝えるべきことが伝わる(伝わった)はずとの安心感を抱けることである。「いただきます」や「ごちそうさま」は、言わなければ叱られるが、言っておけば叱られずにすむだろう。敬語も、使わなければ礼儀知らずと言われるかもしれないが、使っておけば間違えてもあまり批難はされない。どちらも、言っておけば〝安心〟という効果が共通している。こうしたコミュニケーションの型は、同じく明治時代から盛んに広められた日常生活の「作法」もまた型に忠実であることとよく似ている。

さらには、型はさまざまな言語行為全般に及んで発達した。たとえば何かを謝罪するような場面で、型通りの謝罪というものを思い描くことができる。また、謝罪する側もされる側も、それに従っていればとりあえず間違いはないという感覚の中で、型がくりかえされ一層強固なものになってゆく――企業や官庁の謝罪会見というものが、しばしば実質を欠いているように見えるにもかかわらず、紋切り型の同じパターンがくりかえされるのは、実質よりも形の〝安心〟が手放せないからである。そういうコミュニケーションを「安心のコミュニケーション」と呼ぶことができるだろう。

しかし、安心のメリットは、裏側ではそのままデメリットとなる。メリットは、実質以前にとにかく〝言ったことになる〟という安心だった。だがそれは実質を保証するものではないから、謝罪会見は、いざ実質を指摘されるや答えはしばしば答えにならず、かえって強い批判を呼びかねない。実質の言葉は中身次第だし、もちろん相手の出方次第でもある。それは交渉の言葉でもあって、相手とのやりとり、ときに駆け引きの中で、タイミングを計りながら切ってみるカードのようなものだろう。そういうコミュニケーションは、やりとりしている相手の出方に対する信頼を前提として、その上で作り上げるものとなる。それは、社会心理学者山岸俊男の「安心」と「信頼」という対比に倣って、「信頼のコミュニケーション」と呼ぶことができるだろう。

「安心のコミュニケーション」と「信頼のコミュニケーション」は、どの文化にも多かれ少なかれ見られる二つのタイプだと言える。だが、たとえば、日本と歴史的に多くの文化的特徴を共有する中国や韓国といった近隣の言語を比べてみたとき、似ていていいはずに思える多くの点で大きく異なっていることに驚かされ、あるいは、標準語以前の日本語を垣間見ても、人びとのコミュニケーションがずいぶん違った表情を見せることに気づかされる。標準語が作り出したコミュニケーションの型は、日本語を「安心のコミュニケーション」に強く傾けた。

三つの五〇年

いまの日本で、「日本の文化はあいさつを大切にする」という考えを(肯定するにせよしないにせよ)知らない人はいないだろう。日本のあいさつ文化と聞けば、「日本古来の」とか「日本の伝統的な」という修飾語を付けたくなるかもしれないが、事実はそうではない。武士や貴族(武家や公家)にそれぞれ固有の立ち居ふるまいの作法があり、それらが後世に影響を与えたことは事実としても、一般庶民の暮らしの中で先に挙げたようなあいさつが広まったのは、明治~大正時代に「礼法」という作法の一部として流布された結果である。つまり、言葉における標準語とふるまいにおける礼法が、いま私たちが知っている日本のあいさつ文化の担い手だった。西洋の文明国の仲間入りを果たすべく、一般庶民の立ち居ふるまいの水準を〝底上げ〟し、学校をはじめとする教育機会を通じて流布させてゆくことが、国家の政策課題として政府に認識されていた。そこでの「礼」が〝親しく交わる〟ことよりも〝礼儀正しくふるまう〟ことに大きく傾いたのはそのためだった。

この期間を第一の時期とするなら、明治後期に始まり太平洋戦争敗戦までのほぼ半世紀の間がそれに当たる。その後のいわゆる「戦後」が第二の時期ということになるが、第一と第二の時期は、社会の秩序自体が大きく異なる点でも対照をなす。第一の時期では、国民は「神聖にして侵すべから」ざる現人神《あらひとがみ》たる天皇の「臣民」として、強い上下の秩序の中でのふるまいが求められたのに対して、第二の時期を特徴づける「戦後民主主義」は互いに対等な人間同士のコミュニケーションを掲げた。敗戦から戦後になって、社会の基本となる人間関係自体が大きく変化したとき、言語の規範にどのような変化が求められ、また言語的な対人配慮のあり方にもどのような変化が生じるか?ということが、日本語の課題となった(なるはずだった)。

第二の時期のコミュニケーション規範についても、国の言語政策が基調となる。戦後の新しい社会における言葉遣いの指針として国語審議会が答申した「これからの敬語」(一九五二年)は、新憲法の理念を思わせる「各人の基本的人格を尊重する相互尊敬」をうたい、戦前の「必要以上に煩雑」だった敬語の「平明・簡素」化を基本の方針として、「です・ます」を基本のスタイルとするという提言を行なった。その後ほぼ半世紀の間、国によって示された唯一の指針として参照され学校教育を通じて流布された結果、世の中にかなり浸透したと見ることができる。とはいえ、「これからの敬語」というタイトルからもわかるように、この答申は、新しい社会では敬語を止めようと提言したのではなく、新しい社会に見合った敬語に変えようと提言したのだという点は押さえておかなければならない――具体的には〝タテ〟の敬語を〝ヨコ〟の敬語に置き直すことを求めただけとも言える。その意味では、第二の時期は、あり得た可能性ほどには大きな変化をコミュニケーションの形にもたらさなかった。

敬語とは基本的に、タテであれヨコであれ、対人的な距離を大きく取ることで、相手の領域に触れたり踏み込んだりしないという形で丁重さを示す手段である。日本のあいさつも同じで、握手やハグのような身体を触れ合わせるあいさつではなく、〝三歩下がって〟礼をしたり相手の目を見て話すことを避けるなど、なるべく相手に触れないようにするあいさつを重用してきた。そのように、この百年のあいだ、日本語は対人距離を大きくする手段によってコミュニケーションの型を作り上げようとしてきた。だが、どんな社会にも、家族や友人をはじめとする親密な人間関係のコミュニティが存在する。そこでは、対人距離の小さい、親しさの言葉が多く用いられることだろう。あるいはまた、人が親密になっていく過程も、親しさの言葉なしには成り立たない。日本語は、そうした親しさのコミュニケーションをどれだけ磨きあげてきただろうか？　むしろ、誰でも自然にできるようになるものとして、ただ放任してきたように見える。

「これからの敬語」からさらに半世紀が経過し社会の実質も大きく変容した今、親しさの言葉に対する感覚も大きく変わろうとしている。上下ではなく親疎をベースとする人間関係の中で、磨かれてこなかった親しさのコミュニケーションは語彙も表現も十分でない。そのことによる息苦しさを、人びとは感じ始めているように見える。二〇〇〇年に出された国語審議会の最終答申に初めて〝親しさへの配慮〟が盛り込まれたが、答申の評価はともかく、人間関係とコミュニケーションの軸をめぐって、〝遠・敬〟に対する〝近・親〟を意識する必要性が公的に考えられ始めたことを意味する。

日本語はコミュニケーションの酸素不足に陥っていると本書は考える。そうなった事の経緯を少し丁寧に追ってみたい。そして、次の五〇年、日本語はそれをいかにして乗り越えられるか、それには何が必要かを考えてみたいと思う。

目次

目　次

【凡例】
・議会の記録や新聞などからの引用では、カタカナをひらがなに、旧字を新字に変え、適宜読み方を補った。
・文献の引用では、煩雑を避けるため、原則として「著者名　刊行年、章」「著者名　刊行年、部章（または章節）」のように記し、ページ番号は省略した。

第一章　どこにもない「標準語」

1　風の又三郎と標準語

鹿のことばと人のことば

童話の名手、宮沢賢治の標準語使いに注目する論者たちがいる。それは宮沢賢治が、岩手に生まれ育ち岩手を題材に作品を書き続けた人であり、同時に、明治末期の標準語教育が始まった世代に属する作家だからでもあるだろう。だが、童話作家が標準語で童話を書いただけなら、それ自体特筆に価するとは言えない。賢治童話の標準語が読む者の意識を引き付けるのは、それが対比的に、彼の使う土着語としての〝岩手語〟とその母体である〝イーハトーブ〟の地を浮き立たせるからではないだろうか。

小品「鹿踊りのはじまり」では、農夫嘉十《かじゅう》が湯治《とうじ》に行く道すがら食べ残した栃団子《とちだんご》に集まった鹿たちが、一緒に置き忘れてあった嘉十の手拭《てぬぐい》に怯《おび》えて遠巻きに足踏みする様が描かれる。小森陽一は、この物語には非常に明確な階層性が見えると言う。まず、「鹿のことばがきこえてきた」農夫嘉十を通して、鹿のことばが「人のことば」に翻訳・通訳され、そこで明らかになった鹿踊りの「ほんたうの精神」を、「ざあざあ吹いてゐた風」が「人のことば」で「わたくし」に「語る」(小森二〇〇〇、Ⅶ1)。

このとき、嘉十の訳によって伝えられる鹿のことばは、

「ぢや、おれ行つて見で来《こ》べが。」

「うんにや、危ないじや。も少し見でべ。」

こんなことばもきこえました。

「何時《いつ》だがの狐みだいに口発破《くちはつぱ》などさ罹《か》つてあ、つまらないもな、高《たか》で栃の団子などでよ。」

「そだそだ、全《まつた》ぐだ。」

(『校本宮澤賢治全集』第一一巻、筑摩書房、一九七四より)


という具合に、音として再現されたかのような〝岩手語〟だが、一方、「わたくし」の訳による風のことばは、

嘉十はにはかに耳がきいんと鳴りました。そしてがたがたふるえました。鹿どもの風にゆれる草穂《くさぼ》のやうな気もちが、波になつて伝はつて来たのでした。

のような標準語で表記される。そして、この二重の翻訳を経て物語が届けられる相手は、標準語の使用者たる読者なのである。

有名な作品「風の又三郎」では、風の神の子ではないかと子どもたちが訝《いぶか》しむ転校生「高田三郎」(とその父親)と、小学校の「先生」だけが標準語を話し、地元の子どもたちは、先生に「お早うございます」とあいさつするとき以外は〝岩手語〟で話す。

あらためて読んでみると、「先生」の使う標準語は、現代なら、あいさつが「ごきげんよう」の学校ぐらいでないと釣り合わなそうな〝丁寧過剰〟である。

みなさん長い夏のお休みは面白かったですね。みなさんは朝から水泳ぎもできたし林の中で鷹《たか》にも負けないくらゐ高く叫んだりまた兄さんの草刈りについて上の野原へ行ったりしたでせう。けれどももう昨日で休みは終りました。……それからこのお休みの間にみなさんのお友達が一人ふえました。それはそこに居る高田さんです。その方のお父さんはこんど会社のご用で上の野原の入り口へおいでになってゐられるのです。高田さんはいままでは北海道の学校に居られたのですが今日からみなさんのお友達になるのです……。

(以下、「風の又三郎」の引用は、『宮沢賢治全集7』ちくま文庫、一九八五)

ほとんど演劇的なモノローグと言ってよいほどの長台詞の雰囲気が伝わるだろう。そして、後半では、転校してきた三年生の少年に対して敬語まで用いられている。「高田さん」や「その方のお父さん」はともかく、「北海道の学校に居られた」となると〝丁寧過剰〟では済まない何かが感じられてこないだろうか。

標準語で話すこと

実際、この転校生は、初めに見た子どもが泣いてしまうくらいに普通でない、そう言ってよければ異形の人である。「をかしな赤い髪」をして「顔と云ったらまるで熟した苹果《りんご》のやう、殊に眼はまん円でまっくろ」なのであり、服装も「変てこな鼠《ねずみ》いろのだぶだぶの上着を着て白い半ずぼんをはいてそれに赤い革の半靴《はんぐつ》をはいてゐた」ので、「あいつは外国人だな」と言われるほどだった。

鉱山技師の父親について各地を転々とする少年は、来たばかりの転校生だというだけでなく、父親の仕事が済んだらまたこの地を去ってゆくという二重の意味で外部者であり、まさしく〝お客さん〟扱いされるべき落ち着かない存在である。そしてこのときに、ただの標準語ではなく、標準語の敬語が用いられるのである。賢治はそこまで計算して使ったように思われる。敬語の疎外的な働きが、転校生を〝仲間〟ではなく〝お客さん〟の位置に置く（滝浦二〇〇五、Ⅲ2参照）。

次の日、三郎が登校するのを待ち構えている子どもたちのところに、どんどん正門を入ってきた三郎は、「お早う」とはっきりあいさつをする。だが、みんなは一斉にふり向きはしたが、返事をした者は一人もいなかった。なぜか？

それはみんなは先生にはいつでも「お早うございます」といふやうに習ってゐたのでしたがお互に「お早う」なんて云ったことがなかったのに又三郎にさう云はれても一郎や嘉助はあんまりにはかで又勢がい丶のでたうとう臆《おく》せてしまって一郎も嘉助も口の中でお早うといふかはりにもにゃもにゃっと云ってしまったのでした。

そう、先生に対してなら「お早うございます」というあいさつもするけれど、かといって、そこから「ございます」を取り去った「お早う」を子ども同士で交わすかといえばそうではない。そんな〝よそ行き〟のあいさつなど子ども同士では照れ臭くて言えず、だから「もにゃもにゃっ」としか言葉にならない。そのとき、〝よそ行き〟なのは、じつは「ございます」ではなくて「お早う」というあいさつそのものなのである。東北のあいさつ表現分布を研究している中西太郎も次のように指摘する。

「オハヨー」という表現がそれにふさわしい相手へ浸透する過程として、まず、心理的に距離の遠い相手に対する敬体の表現〔つまり「オハヨーゴザイマス」――滝浦注〕から浸透し、それが定着した後に敬体をはずし、心理的距離の近い相手に「オハヨー」常体を用いるようになるという敬体先導型の受容過程が考えられる。（中西二〇〇九）

物語の中のエピソードをもう一つ紹介しよう。三郎とも打ち解けてきたある日、子どもたちは三郎の家の近くへ遊びに行く。「ぼくのうちはこゝからすぐなんだ。ちゃうどあの谷の上あたりなんだ。みんなで帰りに寄らうねえ」と三郎は言い、皆と一緒に野原へ行く。そこには馬たちが放し飼いになっている。皆は馬に手のひらをなめさせたりするが、三郎だけは怖がって手を引っ込めてしまう。「わあ又三郎馬怖《おっか》ながるぢゃい」と囃《はや》された三郎は、それを打ち消すかのように、「そんなら、みんなで競馬やるか」と誘う。

子どもたちの反応はどうだったろう。じつは、三郎以外の誰も「競馬ってどうするのか」知らないのである。それで三郎は、皆で一匹ずつ馬を追って「あの巨《おほ》きな樹《き》のところに着いたものを一等にしよう」と提案し、それは実行に移される。しかし、まだ根本的な問題があった。

ところが馬はちっともびくともしませんでした。やはり下へ首を垂れて草をかいだり首をのばしてそこらのけしきをもっとよく見るといふやうにしてゐるのです。

一郎がそこで両手をぴしゃんと打ち合せて、だあと云ひました。すると俄《には》かに七疋ともまるでたてがみをそろへてかけ出したのです。

「うまぁい。」嘉助ははね上って走りました。けれどもそれはどうも競馬にはならないのでした。第一馬はどこまでも顔をならべて走るのでしたしそれにそんなに競走するくらゐ早く走るのでもなかったのです。それでもみんなは面白がってだあだと云ひながら一生けん命そのあとを追ひました。

一郎が手を叩いたのが合図となって、めでたし、馬たちは一斉に駆け出した。だが、それはどうも競馬にはならない。その原因は明らかだろう。競馬をする馬は、長い時間と忍耐を経て〝誰が一番速く走れるか？〟を競うように訓練された馬であり、そうでない馬には当然ながら競馬などできないからだ。

このエピソードは、標準語と方言の関係を示唆しているように思われてならない。それどころか、賢治はそのつもりで書いたのではないだろうか？　元々どこの方言でもない標準語は、学校教育による学習と矯正というプロセスなしには習得されない。高田三郎は、「風の又三郎」＝風の神の子ならばそもそも人間を超えた存在だし、各地を渡り歩く鉱山技師の子である転校生なら、どこの特定の方言も習得することなく、学校の言葉を学習と矯正によって自分の言葉としたような存在だろう。だから、学校では、先生を除くと三郎だけが標準語で話す。

それに対し、基本的に方言で話す地元の子どもたちは、先生に「お早うございます」とは言えても、子ども同士では照れ臭くて「お早う」と言えない程度にしか標準語を身につけていない。彼らは、皆で一緒に走ることはできても、競馬＝徒競走のようなルールに管理された競い合いには慣れていない存在なのである。

2　標準語の抽象性

「標準語」「共通語」「方言」

ここで少し用語の問題に立ち入ることを許してほしい。「標準語」と「方言」と言われて区別に迷う人はいないだろう。だが、「標準語」と「共通語」と「方言」と言われたら、境界はだいぶ曖昧にならないだろうか？

現実に国なり地域なりの全体で通用する有力な言語（方言）があれば、それがそこでの「共通語」である。つまり、「共通語」は現実に根差している。これに対し「標準語」は、ある言語体系を標準として〝定める〟ないし〝作る〟というプロセスの結果として得られたもののことをいう。したがって、「標準語」は〝理念〟に根差すと同時に〝規範〟としての性格を持つ。

日本語の場合、後で述べるように、明治期の言文一致の運動や国語調査委員会といった機関の活動を通して流布され定着した経緯があるので、「共通語」ではなく「標準語」と呼ぶのが理にかなう。つまり、日本語の標準語は〝作られた〟言葉である。戦後、「共通語」という言い方を積極的に使う傾向が見られたが、それは「標準語」の持つ〝規範〟や〝上から〟のニュアンスを嫌ったための言い換えで、「共通語」と呼び換えたからといって自然発生的な成立に変わるわけではない。

さて、童話「風の又三郎」における言葉の対比に戻ろう。一方が「方言」であることは明らかとして、もう一方は、「標準語」と「共通語」のどちらがふさわしいだろう？ すでに「標準語」と何度も記しているのが〝正解〟だが、ここで大事な点は、先生や（又）三郎の言葉が「共通語」ではないということである。もし共通語ならば、彼らは単に日本で広く通用する言葉を知っているだけのことで――先生なら職業上の必要性ゆえに、三郎なら生活上の必要性ゆえに――、地元の子どもたちとの違いも知識や経験の量の違いに収まることになる。彼らの言葉が「標準語」だという意味は何か？　右で確認したように、標準語が根差しているのは現実ではない。標準語は言葉だけれども、そこには何かの理念が表れていて、だからそれは身につけて守るべきものである。先生にとってそれは、学校で教えられるもの（知的価値）の普遍性だったり、あるいは日本の「国」の統合の象徴だったりするだろう。どこの人でもない（又）三郎にとっての意味は少し違うようにも思われる。彼には、まさにどこの言葉でもないという意味で、どこの方言でもなく、共通語ですらない、理念としての言葉である標準語が最も似合う。

教育人間学の矢野智司は、方言で育った賢治にとって、標準語は外国語並みに抽象的な言語だったはずだと言う。

詩人として言語感覚が鋭敏なのは当然だとしても、学校教育と度重なる上京の経験は、賢治の言語観に社会的・政治的次元を与えただろうことはまちがいない。そのことは彼の童話のなかで方言と標準語の書き分けが自覚的になされているところからもわかる。標準語で育った人間にとって、「国語」（標準語）は思想を表明するための透明なメディアとみなされるかもしれないが、賢治にとって「国語」(標準語)は、「国語」(日本語)を強制的に学ばされた帝国の植民地の人々と同様に不透明な言語であった。

(矢野二〇〇八、Ⅱ6)

整いすぎた標準語を話す先生と、方言を知らない(又)三郎では、事情が異なるようにも見えた。しかし、矢野が言うように「標準語」=「国語」=「日本語」という等式を置いてみれば、自然に身についたのではない努力の結晶としての先生の「国語」(標準語)も、いわば〝流暢な外国語〟と同じ意味での「国語」(日本語)である(又)三郎の標準語も、〝他者の言葉〟である点には変わりがないと言うことができるだろう。

このように、「風の又三郎」という作品では、巧みに「標準語」と「方言」が対比されているのだが、「方言」についても一言加えておこう。作品の子どもたちを見ればわかるように、賢治が生きた時代(主に大正時代)、標準語はまだ一部の人のものでしかなかった。標準語も共通語も持たない人びとにとっては、自分の持って生まれた言葉がすべてだから、その人にとってそれは「方言」ですらないことになる。だから、「標準語」対「方言」という図式は、いわば後から持ち込まれたもので、賢治の子どもたちにとって彼らの言葉は岩手の「方言」とは呼べないだろう。そう考えると「岩手方言」という呼び方がしっくりこないように思われ、初めから、少し変則的だが〝岩手語〟と呼んできた。

役割語としての標準語

ここまでの話ですでにわかるように、言葉は、単語や文の意味を伝える以前に、それを使う人とその人が背負っているさまざまな価値や理念を表している。言葉はあらかじめ印づけられていると言ってもいいし、もう少し用語風に、言語の持つ象徴性と言ってもいい。言葉をそういう観点から捉えようと、金水敏は「役割語」という概念を提唱している（金水二〇〇三）。役割語そのものは標準語の反対の極にあるようなものだが、まさにそのことが標準語の持つ特徴的な性格を照らし出してくれるので、ここで少し回り道をしてみよう。

役割語は次のように定義される。

> ある特定の言葉づかい（語彙・語法・言い回し・イントネーション等）を聞くと特定の人物像（年齢、性別、職業、階層、時代、容姿、風貌、性格等）を思い浮かべることができるとき、あるいはある特定の人物像を提示されると、その人物がいかにも使用しそうな言葉づかいを思い浮かべることができるとき、その言葉づかいを「役割語」と呼ぶ。
>
> （金水、附録）

役割語の典型といえば、アニメのキャラクターで「博士」と呼ばれる人たちが話す言葉がある。「鉄腕アトム」のお茶の水博士から、「ポケモン」のオーキド博士など、主人公を庇護したり知恵を授けたりする役回りの人物は、とても特徴的な言葉遣いをする。

どうじゃ、わしの言ったとおりじゃろ？
そんなこと、とうにわかっておるわい。

彼らは自分のことを「わし」と呼び、助動詞「だ」の代わりに「じゃ」を使う。「いる」の代わりに「おる」を使い、文末には終助詞「わい」を使うこともある。右の例は、これらの特徴から再構成した作例だが、違和感なく「博士」の姿が浮かんだはずである。

もう一つ、「お嬢様語」というのも非常に特徴的である。少女マンガなどで、大きな洋館に住む深窓のお嬢様や、あるいは少女の世界を描き出した作品の主人公などが話す、〝お上品〟と〝高飛車〟がないまぜになったような言葉がそれだ。

どう？　わたくしの言ったとおりではなくって？

そのようなこと、とうに存じておりましたわ。

金髪の長い巻き毛で目の異常に大きいお嬢様の姿が浮かぶだろう。

これらの例ではっきりわかるが、現実の博士やお嬢様はこんな話し方はしない。ノーベル賞を取った博士がインタビューに答えて、「そうじゃ、わしは昔から勉強が好きじゃった」などと言うことはけっしてない。本物のお嬢様は普通の人より丁寧な言葉遣いをするかもしれないが、「なくって？」などとは言わないものだし、女言葉とされる終助詞「わ」も実際に使う女性はかなり限られている。その意味で、役割語は非現実的である。ところが同時に、役割語はちょっと聞いただけで、ある特定のキャラクターがまざまざと浮かんでくる。つまり、役割語は「ヴァーチャル」だが、イメージの喚起力は「リアル」よりも強いところに特徴がある。

さて、先の「方言」と「共通語」と「標準語」の関係をふたたび取り上げるなら、役割語のこうした性格が最も当てはまりやすいのは「方言」だろう。たとえば、大阪弁で話すキャラクターがいたら、話し好きで明るいしっかり者といった人物像を、東北弁のキャラクターなら、裕福ではないが素朴で正直な人物といった人物像を、いつのまにか思い描いているだろう。では「共通語」はどうか？　共通とは〝普通〟ということで、だとすると共通語とは普通の言葉で、では普通の言葉の性格とは?と考えると、考えがそこから先に進まなくなってしまう。つまり、〝普通〟であることは役割になりにくいという面がある。この点では「標準語」も同じように見えるかもしれない。

しかし、別の見方も可能だと金水は言う。それは、「標準語を一種の役割語として捉えることで、「ただし、他の役割語の基準となるような、特殊な役割語である」と考えるのである(金水、三1)。

私たちの日本語の知識というものは、一面において、そのような役割語の集合としての、ヴァーチャル日本語なのであった。普段は、そのことに何の疑いも抱かないで暮らしている。そして、そのヴァーチャル日本語の中心に、〈標準語〉が位置している。ヴァーチャル日本語は、〈標準語〉とその偏差によって階層化された体系であるということができる。

(金水、六5)

つまり、標準語は現実の言葉というよりも「われわれの観念・知識として」あるもので、それは規範的な〝正しさ〟だったり、さまざまな私的なものをはぎ取って抽象した〝公〟を象徴するだろう。アニメのヒーローたちがきまって標準語を話す理由は、そこから説明できる

——ご当地ヒーローが方言で話すのはパロディである。

いしいひさいちの新聞連載マンガ「ののちゃん」に登場する先生「藤原先生」は、まさに宮沢賢治「風の又三郎」に出てくる先生と同じような話し方をする。それは、普段はくよくよしたりしばしば二日酔いだったりする彼女が先生として教壇に立つとき、最大限に肩肘を張った〝よそ行き〟のモードで、個を超えて通用すると考えるメッセージを精一杯伝えようとするからにほかならない。つまり、藤原先生にとって標準語は、先生という理念を表した役割語である——ただし、藤原先生にとっての先生の理念が他の先生たちと同じであるという意味ではないが。

いしいひさいち「ののちゃん」2685（2004年10月31日，朝日新聞）

わたしたちは言語を操っているのではなく、言語の世界の住人にすぎません。だから死語や新語をだれも止められないのです。

コトバによって得られたおたがいの信頼が美しかったり正しかったりするんですね。

藤原先生のこの語りは、じつは月曜の授業のリハーサルを友だちのハルコに聞かせている部分で、そこは標準語で語られなければならない。しかしその後の二人は〝ふだん着〟のモードで、「ウザイ」「ヤバイ」「オマエ」と言いながら会話をするのである。

3　「国語」を作った人びと

ないものは想像できない

標準語は作られた言葉だと書いてきた。が、作られた言葉とはどういう言葉かと言われても、イメージが湧かないのが普通だろう。いま「標準語」と呼ばれる言葉は、初め「国語」という呼び方で明治時代に登場したが、国語を作ることに携わった人たちの中でさえ、「国語」とは何なのかについて一致があったわけではない。帝国議会でその問題が議論されているときでも、話はちっとも噛み合っていなかった。少し長くなるが、明治三三（一九〇〇）年の貴族院議事速記録から引用する。

建議案の題に含まれる「国字国語国文」の意味についての質問に、加藤弘之（元帝国大学総長の貴族院議員）が答えている。

子爵高野宗順君　ちよっと発議者に質問を致します、茲《ここ》に国字国語国文とございますが、国字と云ふのは即ち今日使って居る漢文字を指して仰っしゃったのですか

加藤弘之君　是は唯日本国の字、日本国の語、日本国の文と云ふことで、今別にどうと云ふことはありませぬが、……是から先き日本の字を改良して是が本当の此後の日本の国字である、此後の日本の国語である、日本の文章であると云ふやうに改良すると云ふやうな意味であるので、漢字を改めて字を何にすると云ふやうな意味に書いたのではないのである

子爵高野宗順君　それではまだ十分に了解しませぬが、先づさうと致しましてそれから国語と云ふ「語」の字が……国語と云ふのはどう云ふ解釈を下しましたならば宜しうございますか

加藤弘之君　国文と云ふ方は文章、国語と云ふ方は辞と云ふやうな積りである

子爵高野宗順君　国の辞と云ふと即ち方言で、国字と云ふのは今の私の解釈する漢字としまして、それから国字と国文ならば宜しいかと思ひますが、国語と云ふ語の字が這入りますと若《も》し私が解釈を誤って居るかも知れませぬが、若し国辞としまするときには奥州の辞を京都の人が使ふと云ふことは迚《とて》も出来ない話で、又九州の辞を仙台地方の人が使ふと云ふことは迚も出来ないことで、是は言ふべくして行はれ難いことかと思ひますから国語と云ふことを能《よ》く了解しますやうに御答弁を願ひたい

加藤弘之君　是は方言と云ふやうなことではない、国字と云ふは日本の字、国語と云ふは日本の言葉、国文と云ふは日本の文章、さう云ふ意味である、日本全体に係ったことで方言と云ふやうな意味ではない

子爵高野宗順君　それでは国の言葉と云へば、どう云ふことを云ふので、日本の辞と言へばどう云ふものを云ふのでありますか、私はどうも行はれ難いことかと思ふ、国字国文は国の文章或は国の字即ち漢字にしました所で、国語と云ふのはどれを以て国語としますか

（第十四回帝国議会、貴族院議事速記録第二十六号、明治三三年二月一六日、国字国語国文の改良に関する建議案会議、五五四―五五五）

ぶっきらぼうな加藤の答えが答えになっているかはともかく、質問者高野子爵は一貫して、

国文＝国の文章、国字＝国の字はわかるが、国語＝国の語＝国の辞などというものは一体どこにあるのかと問うている。国の文章と国の字はどちらも書き言葉に関わるが、国の辞は話し言葉のことだから、要するに高野は、話し言葉に関して「国」を持ち出しても、そんなものはどこにもないではないかと食い下がっていたことになる。東北の言葉を京都の人が使うことはできない、どこかの一つの方言で全国を賄うなど、言ってはみても実現できないだろうというわけである。

このやりとりからは二つのことがわかる。一つは、当時の日本において、全国共通語の役目を果たしていたのは文章語だったということ、もう一つは、話し言葉について全国共通のものはなく、それを考えることさえ現実離れしているように思われたということだ。当時の言語状況を簡単に言えば、字の読み書きができる人同士では書けば通じたが、話しても通じない相手は山ほどいるという具合だった。そういう状況から、話して通じるように「国語」を改良したい、より正確には、方言しかない状態を改良して「国語」を作りたいということが、世紀の境目ごろの議会の話題になっていた。

「国語調査委員会」

国語国字に関する右の建議が国会になされて後、明治三五（一九〇二）年に、加藤弘之を委員長、国語学者上田万年を主事とする「国語調査委員会」が文部省に設置された。その調査方針として四点が定められたが、ここで関わりが深いのは次の二点である。

二　文章は言文一致体を採用すること丶し是に関する調査を為すこと
四　方言を調査して標準語を選定すること

（安田二〇〇六、1より引用）

「標準語」はまだどこにもない。かといって、どこかの外国語を持ってきて標準語に定めるという話でもない。とすれば、どこかの方言をベースにして（あるいは組み合わせて）標準語を制定する（ここでは「選定」という言葉が使われているが）という考えが最も現実的ということになろう。具体的には、長いこと都があった京都の言葉と、江戸時代以降行政府が置かれて日本の実質的中央となった東京の言葉の、どちらを基準にするかの検討が中心課題となった。

そしてもう一点が「言文一致」である。これについては後で少し詳しく見るが、話し言葉（「言」）と書き言葉（「文」）を〝一致させる〟ことがなぜ必要かという点だけ押さえておこう。中世以降、文末に「候《そうろう》」を置く書き言葉のスタイル「候文」が広く流通していた——たとえば「比の間御不音《ごぶいん》に罷《まかり》過ぎ候処御手紙拝見いたし候」（大石内蔵助）。候文は公文書や実用の文書のほとんどで使われたから、いわば〝話せない共通語〟だったことになる。それに対して、ここで模索されていたのは〝話せる標準語〟であり、しかも、それを全国に流布させるには、〝書ける標準語〟でもなければならない。そのように、話せて書ける標準語を作るために、言と文の一致が不可欠の条件として浮かび上がってくるのだった。

標準語の制定は、一面ではこのように、京言葉と東京言葉のどちらを採るかという現実的な選択でもあった。しかし、事がそれだけで済まないのは、〝国の言葉〟を持つという――持っていない人にとってはちっともピンと来ない――ことの意味が、否応なしにまとわり着いてくるからである。ヨーロッパに留学後、国語調査委員会で中心的な役割を果たした上田万年は、『国語のため』と題した書のエピグラフに次の言葉を書きつけている。

国語は帝室の藩屏なり
国語は国民の慈母なり

（『国語のため』一八九七、『国語のため　第二』一九〇三）

「帝室」の「藩屏《はんぺい》」にして「国民」の「慈母」とは、ずいぶん大きな構えではないだろうか。のみならず、外に向かっては日本帝国の守備であり、内に向かっては国民を慈しむ母であるという、同時に父であり母でもあるようなあり方は、容易には理解が及ばないものではないだろうか。
帝国とか守備とか、戦いを連想させる言葉が出てくるのは、この時代がまさに、植民地の獲得を目指して日本が帝国間競争に参入してゆく時代だからにほかならない。欧米列強を睨みながら日清戦争に勝利(一八九五年)した日本は、清国の影響力を削ぎ、台湾の割譲を得た。上田の『国語のため』『国語のため　第二』はともに、日清戦争から次の国家間戦争である日露戦争(一九〇四年)までの間に書かれている。そうした時代的空気の精神的・知的な支えの一つとして、「国家」の綻《ほころ》びなき統一性の証しとしての「国語」が、帝国の守備となるのである。明治三三(一九〇〇)年に書かれた文章の中で、上田はこう檄《げき》を飛ばしている。

我が堂々たる日本帝国の国民諸君は、果して内地雑居の後にありても、現今の如き国語の状況を以て、満足すべきの状況なりとし、かゝる国語は一方にては未来の国運を上進せしむるに足り、一方にては外来の諸国民、或は新に帰化する諸外国人を、能く日本化するに足る、思想界の媒介物なりと信ずるか。
(上田「内地雑居後に於ける語学問題」『国語のため　第二』)

内地雑居とは、治外法権撤廃の対価として、外国人居留地を廃止して外国人の居住・移動・

商行為を自由にすることをいう。外国という「文明」の影響がより直接的になるということで、一種の脅威として論議された〔上田[安田校注]二〇一一、注〕。そのような力に耐える一種の資格のようなものとして、また、植民地を有する〝一等国〟であるための条件として、「国語」を持った国であるということが思い描かれている。

では、国民の慈母の方はどうだろうか。少し前後するが、明治二七〔一八九四〕年、留学からの帰朝後まもなく行なわれた「国語と国家と」という有名な講演の中で、上田は、日本語は日本人の精神的血液であり、国民的思考力と感動力を与える情け深い母のようなものだと述べている。

言語はこれを話す人民に取りては、恰《あたか》も其血液が肉体上の同胞を示すが如く、精神上の同胞を示すものにして、之を日本国語にたとへていへば、日本語は日本人の精神的血液なりといひつべし。

……

かくの如く、其言語は……一種の教育者、所謂なさけ深き母にてもあるなり。われわれが生るゝやいなや、この母はわれわれを其膝の上にむかへとり、懇ろに此国民的思考力と、此国民的感動力とを、われわれに教へこみくるゝなり。故に此母の慈悲は誠に天日の如し。（上田「国語と国家と」『国語のため』）

先の国語像が外面を描いたものだとすれば、これは国語の内面の像であることになろう。日本の「国語」がどのような思想と過程を経て成立したかを仔細に論じたイ・ヨンスクは、「国」の思想を内面化させるために上田が「母」のイメージを最大限利用したところが特徴的だと指摘する（イ一九九六、5）。事実、上田は、先の外面像には「英語の「スタンダード、ラングヱーヂ」（＝標準語）、独乙語の「ゲマインスプラーヘ」（＝共通語）」という呼び名を与える一方（「標準語に就きて」）、この内面像には、「独逸にこれをムッタースプラッハ、或はスプラッハムッターといふ」と〝母なる言葉〟のイメージを明確に与えようとする。

だが、この「母」は一体どんな母だろうか。「母語」とは、赤ん坊がそのまま身につけた言葉、つまり身体的に自分のものである言葉のことを言う。だからそれは土地の言葉（すなわち方言）であり、したがって、母とは土地の言葉で語りかけてくる存在のはずである。ところが、上田の言う母語は、いつのまにか「国語」（標準語）にすり替わっている。だからその母も、土地の言葉ではなく国の言葉で子どもを諭す母であって、イ・ヨンスクが述べるように、「水兵の母」として天皇にわが子の命を捧げようとする母なのだ。

このように、「国語」＝「標準語」の思想は、日本が世界に伍してゆくという思想と不可分の関係にあった――帝国日本の統合原理として「国語」が求められたという観点は安田敏朗によって詳細に論じられている（たとえば、安田一九九七、二〇〇六）。それは必然的に、単なる言葉の共通化にとどまらず、どこにもない言葉を求めるという営みからくる問題を孕《はら》むこととなった。

4　言文一致とは何だったか？

漢文脈と和文脈

「国語」の議論に少し先行しながら並行してあったのが「言文一致」の運動である。標準語を作ろうとすれば言文一致が前提となるということは先に見ておいた。が、あらためて考えてみれば、今でも世界には言と文が一致していない言語はいくらもあるし、そもそも一致しなければならないものでもない。だから、日本語の問題として、なぜ言文一致ということが問題になるのかについて、少し考えておく必要がある。

先に触れた「候文」は古く、鎌倉時代にはほぼ成立していたから、明治のこの時期にはすでに七〇〇年ほどの歴史があったことになる。それだけの長きにわたって定着していたのであれば、それはそれで一つの仕組みとして機能していたと見なければならない。標準語を作りたいという動機だけで、簡単にひっくり返るものだろうか。イ・ヨンスクは、この背景には江戸から明治への社会秩序の大きな変化があると指摘する。

近代日本の出発にあたって言語改革をこころざしたもののうち、話しことばと書きことばとのあいだのあまりのへだたりに気がつかないものはいなかった。しかし、そのへだたりが意識の前面に浮き上がるようになったのは、話しことばと書きことばのそれぞれをささえた社会秩序、つまり、それらがなんの接触もなく併存することを許した社会秩序がしだいに崩壊しつつあったからにほかならない。（イ一九九六、2）

江戸時代には、公家は言うまでもなく、武士と町人も別々の秩序の中で生きていた。すべての武家は幕府の支配下にあったが、現実には全国諸藩に分かれて暮らしていたから、遠い藩の武士同士では話し言葉は通じなかった。武家を一つに束ねていたのは、候文でやりとりされる書き言葉の同一性であり、その意味で、武士は書き言葉の秩序の中で生きていたと言ってもいいだろう。それに対し、町人たちは自分のコミュニティの中で一生を過ごすのが普通だから、基本は各々の母語（方言）で生活をしていたことになる。読み書きができれば書き言葉の世界にも出入りできたとはいえ、彼らの社会秩序は話し言葉の秩序だったと言える。

このように、一方は書き言葉の秩序を生き、一方は話し言葉の秩序を生きているのであれば、その両者の交わり方に心を砕く必要もない。明治維新と階級制の廃止がこの事情を一変させた。

書き言葉と話し言葉をめぐる日本語特有の事情として、もう一つ、語彙との関係がある。これは現在の日本語でも変わらないが、書くときと話すときで何が一番違うかと問われれば、漢語（漢字語）の比率である。直観的にわかるように、書き言葉には漢語が多く、話し言葉は和語が目立つ。一つには、漢語は日本語に入ってしまうと（中国語のような声調による区別がないため）同音語が多くなり、文字で見ればわかるが、耳で聞いてもわからないという問題がある。しかし、もう一つには、そのような書かれるものとしての漢語は、書き言葉の秩序を生きる武家のものであって、町人や〝女子供〟のものではなかった。ところが、明治維新と階級制の廃止はこの事情をも一変させた。

江戸時代が終わりをむかえ、明治の新時代が始まろうというころ、日本語には漢語の大流行という現象が起こっていた。つまり、それまでは漢語と縁のなかった人びとが、こぞって漢語を使いたがり、普通に和語で言って済む事柄まで、大げさに漢語で言おうとした。新聞などメディアは、それが滑稽ですらあると論評した。たとえば次の記事を見てほしい。

此頃《このころ》鴨東《かはひがし》の芸妓《げいこ》、少女《まひこ》に至るまで、専ら漢語《からことば》をつかふ〻《こと》を好み、霖雨に盆地の金魚が脱走し、火鉢が因循《いんじゅん》してゐるなど、何のわきまへもなくいひ合ふ〻となれり。又は客に逢つて此間の金策の事件に付建白の御返答なきは如何が、など実に聞に堪へざる〻也。

（『都鄙新聞』慶應四［一八六八］年五月、明治文化研究会編『幕末明治新聞全集』第五巻、世界文庫、一九六一）

火鉢が「いんじゅん」と言われてもまったく見当がつかないだろう——たぶん言いたいのは、ぐずぐずと調子が悪いということだ。「金策の事件に付建白の御返答なき」とはずいぶん大ごとのように聞こえるが、中身は「お金を用立ててとお願いしたお返事がまだなんだけど」と言っているにすぎない。

漢語が話し言葉の中に入ってきて、かつ、誰もがそれを使うようになってくると、それまでの、話し言葉と書き言葉の交わらない関係というのが崩れてしまう。話し言葉も書き言葉も漢字仮名交じり文になって、両者の差異はかなり相対化されることになろう。言文一致とは何だったのかを考察した橋本治は、このあたりの事情を彼らしいロジックで次のように指摘する。

その本来に即して言えば、日本での「文語」とは漢文のことであり、「口語」とは和文のことである。……「言文一致」も、実は「文語＝漢文、口語＝和文」であるという対立を前提にしてのことで、……和漢混淆文が一般的になってしまえば、「文語＝漢文」と「口語＝和文」の対立は解消されたようにもなるからである。その上で、新たな「口語と文語の対立」が生まれる。これはもう「書く」と「話す」の対立ではなくて、「旧と新の対立」なのである。（橋本二〇一〇、三）

橋本の言う新旧の対立とは何だろう？　今までにない新しさとは、ほかでもない、文章にできる話し言葉、ないしは、話せる書き言葉のことである。単に漢字仮名交じりの和漢混淆文というだけでは、この新しさには届かない。「霖雨に盆池の金魚が脱走」では、文字として見ないかぎり理解できないからである。では、ただ話し言葉を書き取ればいいのか？　それも違う。橋本の説明をもう一つ引こう。

明治になって「口語文」というものが登場する。それが「話し言葉を文章にするためには苦労が伴う」ということになるのは、「話し言葉そのままでは文章にならない」という前提が隠されているからで、それはつまり「文章らしくする」ということが必要とされるからだ。「文章にすれば通る。文章らしくすれば通る。話し言葉そのままではだめ」ということはどういうことなのかというと、「文章にすればその筆者の姿は隠れるが、話し言葉のままでは、話し手の姿が丸見えになる」ということでもある。

（橋本、同）

言文一致の話がどこかピンと来ないと感じる人にとって、ピンと来ない核心は、話し言葉を書き取って書き言葉にすればいいだけではないか？との疑念が消えないからだろう。事実、次に見るように、言文一致体の成立は速記術の普及と無関係ではない。だが、それだけでは書き言葉にならない何か、言い換えれば、書き言葉が持っている話し言葉にはない何かがあるということだ。最後にそのことを検討したい。

三遊亭円朝落語と二葉亭四迷『浮雲』

京言葉と東京言葉の選択について言えば、政府だけでなく皇居まで移転した東京の威信はもはや明らかだった。「全国中の者が、追々、東京言葉を真似てつかうようになつて来て居るから、東京言葉を、日本国中の口語の目当とするがあたりまえのこと、思う」（国語調査委員会編纂〔大槻文彦担任〕『口語法別記』端書、一九一三）というわけで、国語調査委員会の議論も後者で決着した。当時の東京言葉――それも訛のない東京言葉――の特徴をかなり反映していると思われる実例を挙げよう。稀代の落語家と称される三遊亭円朝（明治三三〔一九〇〇〕年没）の「怪談牡丹燈籠」から、両想いの相手に会えず恋焦がれて死んだ女が幽霊となって夜な夜な会いに来る場面である。少々長いが、名調子に乗せて味わってみてほしい。

其中《そのうち》上野の夜《よ》の八ツの鐘がボーンと忍《しのぶ》ケ岡《をか》の池に響き　向《むかふ》ケ岡《をか》の清水の流れる音がそよ〳〵と聞へ　山に当る秋風の音ばかりで陰々《いん〳〵》寂寞《せきばく》世間がしんとすると　毎《いつ》もに異《かは》らず根津の清水の下《もと》から駒下駄の音高くカランコロン〳〵とするから　新三郎は心の裡《うち》でソラ来たと小さくかたまり　額から顋《あご》へ懸《かけ》て膏汗《あぶらあせ》を流し　一生懸命一心不乱に雨宝陀羅尼経《うほうだらにきやう》を読誦《どくじゆ》して居ると　駒下駄の音が池垣《いけがき》の元でぱつたり止《や》みましたから　新三郎は止《よ》せばいゝに念仏を唱へながら蚊帳《かや》を出て　窃《そツ》と戸の節穴から覗いて見ると　毎時《いつも》の通り牡丹《ぼたんの》花《はな》の燈籠を下げて米《よね》が先へ立ち　後《あと》には髪を文金の高髷《たかまげ》に結ひ上げ　秋草色染の振袖に燃へる様《やう》な緋《ひ》縮緬《ぢりめん》の長襦袢　其《その》綺麗な事云ふばかりもなく　綺麗ほど猶《なほ》怖く　これが幽霊かと思へば萩原は此世《このよ》からなる焼熱地獄に墜《お》ちたる苦《くる》みです　萩原の家《うち》は四方八方に御札が貼《はツ》てあるので二陰鬼《ふたりのいふれい》が臆《おく》して後《あと》へ下がり

米「嬢様とても入《はい》れません　萩原様は御心変りが遊ばしまして　昨晩の御言葉と違ひ

貴嬢《あなた》を入《いれ》ないやうに戸締《とじま》りが付《つ》きましたから　迚《とて》も入《はい》る事は出来ませんからお諦め遊ばしませ　心の変つた男は迚も入《い》れる気遣ひはありません　心の腐《くさツ》た男はお諦めあそばせと慰むれば

嬢「あれ程迄に御約束をしたのに　今夜に限り戸締りをするとは　男の心と秋の空かわりはてたる萩原様の御心が情《なさけ》ない　米や　どうぞ萩原様に逢せてをくれ　逢せてくれなければ私《わたく》しは帰らないよ

と振袖を顔に当て潸然《さめぐ》と泣く様子は美しくもあり又物凄くもなるから　新三郎は何も云はず只《た》だ南無阿弥陀仏〳〵

米「御嬢様　あなたが是程までに慕ふのに萩原様にやアあんまりな御方では御座いませんか　若《も》しや裏口から入《はい》れないものでもありますまい　入《い》らつしやい

と手を取《とツ》て裏口へ廻つたが矢張《やツぱ》り入《はい》られません

（三遊亭円朝「怪談牡丹燈籠」『円朝全集』第一巻、岩波書店、二〇一二）

語りだから一文が長く、なかなか終わらないところが気になるかもしれないが、その点を除けば、会話の台詞はもとより、地の文も、現代でも違和感がないほどに整っていることがわかるだろう。その意味では、まったく〝言文一致〟の自然な語りなのである。右でも触れたが、円朝の落語がこのような形で残っているのは、当時一世を風靡《ふうび》した速記術のおかげで、若林玵蔵という速記者が高座の楽屋に詰めて筆記したという。

ならば、これをもって言文一致体としたらどうだろう。実際、それに近い考えをする人もあった。言文一致体の完成者の一人、二葉亭四迷は、坪内逍遙の勧めによって円朝の落語どおりに書くという試みをしている。後に回顧して次のように述べている。

早速、先生の許へ持つて行くと、篤と目を通して居られたが、忽ち礑《はた》と膝を打つて、これでい丶、その儘でい丶、生じつか直したりなんぞせぬ方がい丶、とかう仰有《おつしや》る。

自分は少し気味が悪かつたが、い丶と云ふのを怒る訳にも行かず、と云ふもの丶、内心少しは嬉しくもあつたさ。それは兎に角、円朝ばりであるから無論言文一致体にはなつてゐるが、茲《ここ》にまだ問題がある。それは「私が……で厶《ござ》います」調にしたものか、それとも、「俺はいやだ」調で行つたものかと云ふことだ。

（二葉亭四迷「余が言文一致の由来」『二葉亭四迷全集』第五巻、岩波書店、一九六五）

円朝スタイルの文章を見て、坪内逍遙はそのままでいいと言った。ほめられたわけだが、二葉亭はすっきりしない。「少し気味が悪かつた」「い丶と云ふのを怒る訳にも行かず」とは、奥歯に物が挟まったような言い方である。彼は何が気に入らなかったのだろう？「ございます」体か「だ」体か、どちらを採るかが問題だという。もちろん円朝は語りのスタイルだから前者である。そこがどうもすっきりしないという。

では、言文一致体の一つの完成形と目される二葉亭四迷の『浮雲』（明治二〇［一八八七］年刊）を見てみよう。なるほど、こちらは「だ」体である。

知己を番町の家に訪へば主人《あるじ》は不在、留守居の者より翻訳物を受取ツて、文三が旧《も》と来た路を引返して爼橋《まないたばし》まで来た頃はモウ点火《ひとも》し頃で、町家では皆店頭《みせ》洋燈《らんぷ》を点《とも》してゐる。「免職に成ツて懐淋《ふところざみ》しいから、今頃帰るに食事をもせずに来た。」ト思はれるも残念と、つまらぬ所に力瘤を入れて、文三はトある牛店《ぎうてん》へ立寄ツた。

此牛店は開店してまだ間もないと見えて、見掛けは至極よかツたが裏《なか》へ這入ツて見ると大違ひ、尤も客も相応にあツたが、給事の婢《をんな》が不慣れなので迷惑《まごつ》く程には手が廻はらず、帳場でも間違へれば出し物も後《おく》れる。酒を命じ肉を命じて文三が、待てど暮らせど持《もつ》て来ない、催促をしても持て来ない、また催促をしてもまた持て来ない、偶々《たまく》持て来れば後から来た客の所へ置いて行く。流石《さすが》の文三も遂には肝癪を起して、厳敷《きびしく》談じ付けて、不愉快不平な思ひをして漸くの事で食事を済まして、勘定を済まして、「毎度難有《ありがたう》御座い」の声を聞流して戸外《おもて》へ出た時には、厄落しでもしたやうな心地がした。

（二葉亭四迷「浮雲　第十回　負るが勝」『二葉亭四迷全集』第一巻、岩波書店、一九六四）

中身が憂鬱の陰を落としているからとはいえ、二葉亭の文体はどこか陰気で、そう言ってよければ、冴えない。しかし、言文一致は二葉亭のものである。それに対し、円朝の文体は躍動していた。怪談の山場だから？　それもあるかもしれない。が、落ち着いて比べてみれば、円朝の躍動は語りの躍動だということに気づくだろう。つまり、言葉ではなく円朝その人がこちらに語りかけてくるのである。翻って、二葉亭はそうではない。言葉がディスプレイに表示されるのを読み手が追っていくような距離感だろうか。その差が二つのスタイルの間にある。

5　誰のものでもない言葉

なぜ言文一致は二葉亭のもので、円朝のものではないのか？　それは、円朝の語りは一人称的な語りであって、そのかぎりで、まだ話し言葉の筆録だからである。言文一致は、言を文に近づけても、文を言に近づけても、どちらでも実現できそうに見える。が、ならば候文で話せと言われてもそうは行かないことでわかるように、実際には、書き言葉を話し言葉に近づけることが課題だった。だから、円朝の語りはそのままでは書き言葉にならない――いっそ現代なら別かもしれないが。

二葉亭も言っていたが、実際の文体は、丁寧語「です・ます」を入れるか入れないかという形で決まる。それは、私の話し相手である聞き手をどう扱うか(対者待遇)という話である。しかし、野口武彦は、そのように見えるとしても、問題の所在は対者待遇ではなく人称にあるのだと言う(野口一九九四)。「江戸時代は、三人称を知らなかった。」「江戸時代の作者は、三人称を知らなかった。」「明治の日本語は、初めて三人称を知った。」このように言いながら、野口は、三人称とは私でもあなたでもない誰か、いや、誰かというよりも誰の言葉でもない、つまり非人称の言葉だということを言おうとしている。話せる書き言葉の非人称性が獲得されてこそ、文が言と一致することになる。語りの一人称性が前面に出ているかぎり、それは言文一致ではないのである。

言文一致をめぐる実際の道行きはもっと複雑だが――たとえば、山田美妙のような「です・ます」派もいた――、ともあれこのような経緯で、三人称で書かれる言葉が日本語のものとなった。もちろんそれは、人称の体系が明確なヨーロッパ語の模倣としての側面を持つ。しかし、では日本語に人称はあるか?と問うならば、日本語に「人称代名詞」と呼べるものはない。「私」「僕」「君」「彼」等々、それらしき言葉をいくら集めてみても、それらは実質的意味を持った単語――〝取るに足らない小さな存在〟〝あなたのしもべ〟〝私の仕える主人〟等々――の転用にすぎないことが判明するばかりである。

そうして、誰のものでもない言葉としての標準語が成立した。それは、ヨーロッパ語と同等の働きを備えることとなったが、しかしそれらは元々自分のものではない、借り物としての何かである。そして日本語は、今に至るまでそのことを自家薬籠中のものとはしていないように思われる。『浮雲』の言文一致体がどこか憂鬱に感じられるのも、そのことと無縁ではないかもしれない。

第二章　日本語の〝あいさつ文化〟

1　朝起きたら「おはよう」でしょ!

国民の礼儀作法渾然たるの時

言文一致に基づく標準語の制定が、国家による言語の規範化だったとすれば、その動きと相前後しながら、もう一つの規範化が行なわれていた。それは、身体の規範化、ないし、身体所作の規範化と呼ぶことができる。

近代という時代の成立が、人びとの身体と身体意識の変容によって可能になったと指摘した三浦雅士は、「ナンバ歩き」を一つの焦点としてその間の事情を述べている。明治一八(一八八五)年、初代文部大臣に就任した森有礼《ありのり》は、早速翌年に「兵式体操」(後の軍事教練)を採用し、以後、それまで普通に行なわれていたナンバ歩きが淘汰されてゆくことになった。ナンバ歩きとは、右手と右足、左手と左足が一緒に出る歩き方で、手と足の左右が逆になる西洋式とは違う所作である(次頁図版参照)。現在最も人の目に触れるのは、時代劇で裃《かみしも》を着けて城中の廊下を進むお侍の歩き方か、作り物でない本物でということなら、相撲の力士の手

ナンバ歩き（須藤功編著『幕末・明治の生活風景――外国人のみたニッポン』東方総合研究所[農文協]1995より）

足の運びといったところだろうか。

三浦は、森の大臣就任直前の演説を引きながら、次のように述べている。

兵式体操は必ずしも軍人養成のためだけではない、むしろさまざまな組織において秩序ある行動ができる人間を育成するためのものである。〔森は〕そうのべているのである。

……

しかるがゆえに、普通教育にもっとも責任ある師範学校こそ国の基礎を築くものなのである。教師諸君はこのことを忘れず、任務に励んでいただきたい云々と演説はつづく。

（三浦一九九四、四）

現代の私たちも、「前へならえ」や「休め」の所作を覚え、当然のように整列したり行進することができるが、これは学校において繰り返し反復させる身体の規範化の所産である——宮沢賢治の馬が競走できなかったように、子どもたちもまた整然たる行進はできなかっただろう。いつのまにか身体に刷り込まれた身体規範が、日常生活の中でさまざまな秩序の形成や補完に関わっているという事実は、意外に気づかれにくいかもしれない。

標準語制定のための「国語調査委員会」から八年後、明治四三(一九一〇)年に文部省は「作法教授事項取調委員会」を設置し、学校を通じて教えるべき所作の作法を整理するよう命じた。その成果が、翌年『師範学校・中学校　作法教授要項』として刊行される。その緒言では次のように述べられる。

> 国民の礼儀作法渾然たるの時、文部省は小学校・師範学校・中学校等の作法教授資料を定めんが為めに、作法教授事項取調委員を命じて之が調査を托せり。

「国民の礼儀作法渾然たるの時」に身体所作の規範化を図ったというのは、いわば国民の言語渾然たるの時に「国語」によって言語の規範化を図ったことと平行的である。ちなみに、この作法教授事項取調委員長を務めた田所美治は文部行政に強い影響力を持ち続けた人物で、二度洋行してヨーロッパの教育行政制度を調査し帰国した後、文部省普通学務局長を経て文部次官、四七歳で勅撰貴族院議員となり、一九四七年に貴族院が廃止されるまで二九年間議員だった。廃止の前年には、日本国憲法二四条(「婚姻は、両性の合意のみに基いて成立し、……」)に反対し、「家族生活はこれを尊重する」との一項を入れるよう修正案を提出している(採決の結果否決)。

すれ違う人とあいさつを交わす女性
(須藤功編著，前掲書)

さて、『作法教授要項』では、居常の心得、姿勢及進退、敬礼、服装、招待及応招、食事及餐応、といった具合に、生活の全般にわたって一七の章が設けられているが、そこに整理された礼儀作法はどのようなものだっただろうか。今から見るとその内容はいろいろな意味で興味深いが、本書は作法が主題ではないので、ごくかいつまんで述べるにとどめる。いわく、常に態度や容姿を端正にし、身体を清潔にしなければならない。直立の姿勢とは、両足の踵を接し足先を六〇度ほどに開いて上体を真っ直ぐにして、下腹部に少し力を入れ両手は自然に垂れ、口を閉じ目は前方を正視することである。お辞儀をするときは、首を曲げすぎてはならず、膝を折るのもよくない――前頁の図版のような旧態のお辞儀はもはや奨励されないのだ(横山二〇〇九、二)。外出するときは行先と帰宅時間を告げて父母らの許可を受け、帰宅したときには父母ら長上にあいさつしなければならない。覗き見や立聞き、ひそひそ話などをしてはいけない(!)、等々、微に入り細をうがつ。

ここであらかじめ一つの点を述べておくならば、こうした細々した事柄の一つ一つを「作法」として定めなければならなかったということ自体、それらがけっして当時の日本において自明の、つまり放っておいても誰もがすると期待できる事柄ではなく、身につけて守るべき事柄として教育場面に乗せる必要のある事柄だったということである。

言葉の所作、あいさつの型

右のあいさつに関するものがそうであるように、立ち居ふるまいには当然言葉も関係するから、『作法教授要項』にあっては言語応対の作法も欠かすことはできない。第八章「言語応対」では次のように述べられる。

第一節　称呼及敬語

二　称呼は自他の身分に相当し正しくして且《かつ》野卑ならざるものを用ふべく又人と談話を交ふる場合には相当の敬語を用ふべし

六　官公職・爵・学位等は他称若くは対称の場合に於ては其の人の姓に此等の名を附称して差支なしと雖《いへど》も自称には之を用ひざるものとす

第二節「応対の心得」には、人と応対するときは温容と誠意を旨とし明快に談話せよ、応対中は退屈そうにしてはならない、応対中しばしば時計を見たりしてはならない、自分の才能や技芸はもちろん、家の権勢などを誇らしげに語ったりしないように、等々とある中に、次のような一項が出てくる。

一一　親密の間なりと雖も粗略若くは侮蔑の語辞を用ふるは宜しからず

初めの二つは敬語と肩書に関する作法で、最後のものは、親しき仲にも礼儀ありという戒めである。作法の内容としてここで確認しておくならば、敬語や肩書に象徴されるような他人に対する丁重さが奨励され、粗略だったり馴れ馴れしかったりする態度は戒めの対象となる。そうした方向性が最も明瞭に示されるのが、日常の生活場面でのあいさつに関する作法である。大正期の代表的な作法書、甫守謹吾『国民作法要義』から少し拾ってみよう。

朝の挨拶の心得

一、盥嗽《かんそう》〔手を洗い口をすすぐこと〕を了へ、容儀を整へたる後、父母・長者に対して、朝の挨拶を為し、然る後食事を済まし、当日の日課に従ふべし。

日常の行儀上、禁条として戒むべきものを左に掲ぐ。

一、盥嗽を終らざる前に人の前に出づること。

一、朝の挨拶（お早うございます。）をなさずして直ちに用事を言ふこと。

家族に対する心得

一、父母・祖父母・伯叔父母・兄弟・姉妹の間は、固より骨肉の愛情を以つて相交はるものなれば、他人に対するが如く厳格なるを要せず、されど、慣れ親しむの余り、其の間に於ける礼儀を忽《ゆるがせ》にし、不作法に陥るが如きことあるべからず。（甫守一九一六）

朝起きたら歯をみがいて顔を洗え、家族といえども、人前に出るのはそれからで、会ったらまず「お早うございます」のあいさつをせよ、との作法である。これは見事に現代でも生きている（？）例でもあるだろう。もう一つ注目すべきは、家族は親しく交わってよい――骨肉の愛情なのだから――が、親しさのあまり不作法になってはならない――骨肉の愛情なのに？――との一項である。ここでもまた、親しき仲にも礼儀ありの強調がなされている。

作法書にはまた、学生の心得というジャンルも設けられている。

学生の心得

一、〔通学の〕途上にて、友人に遭ひたる時は、相当の挨拶を交換すべし。

一、登校したる際、学友に遭ひたる時は、相互に敬礼を交換すべし。

一、親友・学友の間柄なりとも、余りぞんざいなる言葉或は軽蔑したる言語を用い、又異名を呼ぶ等は無礼にして、己れの品格を墜すこと少なからず。（同上書）

学友に対しても、それ相当のあいさつの形を示すことが求められている。もちろんその形は丁重さの印であって、友だちだからといって、ぞんざいな言葉遣いやあだ名で呼ぶといったことは、自分の品位を落としかねないとして戒められている。ここでもまた、親しき仲にも、である。

五　アサバン

アサ　オキタラ、ハ
ヲ　ミガキ、カホ
ヤ　テヲ　アラヒ、
カミサマ　ヲ　ヲ
ガンデ　カラ、
「オハヤウ　ゴザイ
マス」
ト、ゴアイサツ　シマ
セウ。
ヨル　ハ、
「オトウサン、オサ
キ　ニ　ゴメン
ナサイ」
「オカアサン、オヤ
スミ　ナサイ」
ト、ゴアイサツ　シテ、
ハヤク　ネマセウ。

両親に朝のあいさつをする子ども（横山2009より）

明治から昭和にかけ、礼儀作法について書かれた「礼法書」が数百点も刊行されたというが（陶・綿抜監修二〇〇八、「刊行にあたって」）、その結果（成果？）として、現在の日本で標準的として公的に奨励される生活も、それら礼法書の示す形にかなり沿ったものとなっている。朝起きてから夜寝るまで、起床と就寝そのものから、食事の開始と終了、人との出会いと別れ、等々、既定の人間関係の中でくり返される相互行為――これは英語の interaction の日本語訳である――がことごとく、それぞれ専用の表現（あいさつ言葉）によって仕切られることとなった。あらためて挙げるまでもないが、「おはよう（ございます）／おやすみ（なさい）」「いただきます／ごちそうさま（でした）」「行ってきます／ただいま」「こんにちは／さようなら」等々、私たちの生活はあいさつ言葉の対で満たされている。標準語の制定と並んで、〝標準作法〟の制定も、政策的にはかなりの成功を収めたと見るべきだろう。

一応確認しておけば、社会的な人間関係は親疎も上下も多様にあるはずだが、このあいさつ規範は家族内でも例外とはならない――作法書がくり返し説いていたとおりに。だから、家族内でもそれをしないことははっきりした叱責の対象となる。起床のあいさつがなければ「朝起きたら「おはよう」でしょ！」と言われ、食事の後黙って立てば「「ごちそうさま」も言わずに席を立つとは！」と言われ、就寝のあいさつをせずに寝たら「「おやすみ」も言わずに寝た」と言われることになる。

逆に言えば、お決まりのあいさつがいつもどおりに交わされているかぎり、その人間関係については安心してよいものと見なされる。だが、そもそもあいさつ自体は実質をあまり持たないものだとしたら、あれば良し、なければ悪しであって、ひとたびあいさつがないとなると、安心の印がそのまま落ちてしまうことになる。後でまた詳しく見ることになるが、〝あいさつがない〟ということにこの社会が神経質そうに見えるのは、こうした事情が関係していそうに思われる。

2　あいさつしたら友だちできるよ！

あいさつの魔法「ポポポポ〜ン」？

二〇一一年三月一一日の東日本大震災後、かなりの期間にわたってテレビやラジオでのCMが大幅に自粛され、その埋め草として「ACジャパン（旧公共広告機構）」のCMが繰り返し流されたことは、まだ記憶に新しい。なかでも、「あいさつの魔法。」と題されたCMは、さまざまなつながりの喪失と回復という報道のテーマにも沿うと感じられたためか、印象も強く、また世の話題にもなった。

テレビとラジオで流された歌の歌詞はこうだった。

こんにちは（こんにちワン）
ありがとう（ありがとウサギ）
こんばんは（こんばんワニ）
さようなら（さよなライオン）

まほうのことばで
たのしいなかまがポポポポ〜ン

おはよう（おはよウナギ）
いただきます（いただきマウス）
いってきます（いってきまスカンク）
ただいま（ただいマンボウ）
ごちそうさま（ごちそうさマウス）
おやすみなさい（おやすみなサイ）
（ナレーション）あいさつするたび　ともだちふえるね
♪ＡＣ〜

（ＡＣジャパン「２０１０年度作品」http://www.ad-c.or.jp/campaign/work/2010/ より）

「こんにちワン」とか「ありがとウサギ」とか「さよなライオン」とか、次々に現れるキャラクターについて、製作者は意図をこう説明している。

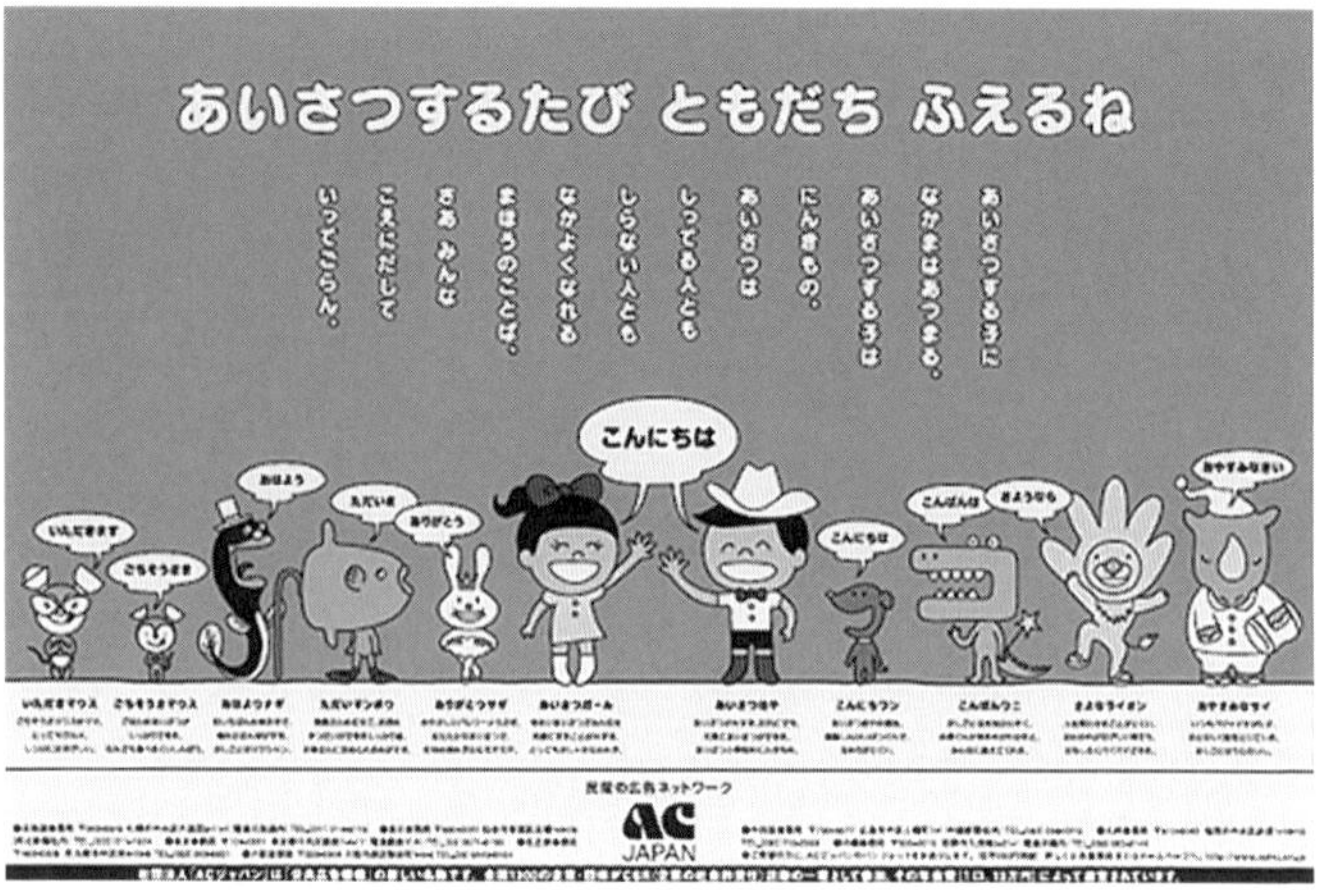

「あいさつの魔法。」（新聞広告バージョン）

> 挨拶の励行を、低学年までを対象に企画しました。
> 挨拶をするたびユニークで楽しいキャラクターが登場し、友だちが増えていく様を、歌とアニメーションで表現。挨拶は楽しいこと、友だちが増えるのは素敵なこと、というメッセージをこども達の心に届けます。
> （同上）

あいさつをするたびに友だち（＝キャラクター）が増えてゆく。だから、会う人ごとにあいさつをして、あいさつの数だけ友だちを増やそうね、というメッセージは単純明快にさえ見える。「たのしいなかまがポポポポ〜ン」という擬態語の表現は、当初ウェブページで見ることのできた英語版字幕では、“Fun-loving friends suddenly appear〟となっていた。なるほど、楽しい仲間が不意に現れるのである。

この「ポポポポ〜ン」に、日本のあいさつ文化の、もしそう言ってよければ一つの幻想が、象徴されているように思える。すなわち、あいさつは〝善〟である、あいさつは人をすがすがしくする、あいさつをすれば友だちができる、等々、ここではあいさつが善悪や好悪といった価値尺度の上に置かれている。ひとたびあいさつを交わしたら、知らない人でも昔からの知己のように思われ、話が弾んで本当に友だちになることさえあるだろう、というように。しかし、先に見た作法としてのあいさつは、人には丁重に接せよ、友だちでも家族でも例外なく、他人には失礼のないようにあいさつせよ、一等国の国民ならば、という趣旨だったはずではないのか？

この齟齬《そご》からは、あいさつに対する二種類の異なった期待を読み取ることができる。明治政府が期待したあいさつの働きは、日本の国民がヨーロッパの紳士淑女のように品位を持って人と接し、粗野な交わりを控えるようにするための、いわば対人距離を大きくして一定に保つ働きだった。それに対して、ポポポポ〜ンのあいさつは、逆に、人と人を互いに近づけ親密にするような働きだと言うべきだろう。この二つは働きの向きが反対で、同時に両方が満たされるものではない。しかし現代に至る近代日本百年の中で、そのことは明確に意識されないまま、そのつどの都合に合わせて便利に使われてきた印象が強い。

あいさつは言語行為か

というわけで、問題も錯綜してきた。このあたりで、事柄を整理しておく必要があるだろう。

まず、あいさつとは言語にとって何なのか?ということを考えなければならない。あいさつは言語行為の一種である、と規定したら、異論なく賛同が得られるかどうかは微妙である。なぜなら、言語行為とは〝言葉でもって何らかの行為を遂行すること〟であって、たとえば、「お願いします」と言って依頼という行為をし、「約束するよ」と言って約束という行為をするならそのとおりである。だが、人はあいさつの言葉を言って何の行為をするだろうか?あいさつという行為、というのがとりあえずの答えだが、それを答えとして認めれば賛同することになり、それは同語反復だと斥《しりぞ》ければ賛同しないことになる。

依頼にせよ約束にせよ、それをすることで何か新しい情報が持ち出され確認されるだろう。しかし、あいさつに新情報は不要であり、あって悪いことはないが、特段何もないのがむしろ普通である。たとえば、「おはよう」というあいさつは、せいぜいが〝起きたよ〟とか〝今日初めて会うね〟ぐらいの情報価値しか持たず、それとて、見ればわかるのだからわざわざ言葉で表す必要はないとも言える——夕方に会っても「おはよう」と言う大学生なら

〝早い〟という情報価値すら随意的だろう。「こんにちは」というあいさつは、「今日は……」の実質部分を取り去って形骸化させた形式である。ならば「こんにちは」というあいさつは、より一層新情報のない言葉だと言わなければならない。

これをどう考えるかが問題となる。言語学は人びとがどのように伝達価値のある情報を伝えるかを関心の中心とするのだから、それは必然的に〝あいさつ以降〟のコミュニケーションになるはずだとの考えからすれば、あいさつは言語学の研究対象ではないことになろう。他方、そうではないと考えることもできる。コミュニケーションにおいては、新規に伝達すべき情報を乗せる以前に、相手と自分の間に不安定でない回路を確立し、あるいは確認し、あるいは維持することが必要であり——諍《いさか》いをしている相手との間で言葉が通じないのはこの回路が損なわれているからにほかならない——、あいさつの仕事はまさにその点にあるという考えである。この見通しを開いた学者として、ポーランド生まれの人類学者であるマリノフスキーと、ロシア生まれの言語学者ヤーコブソンの二人を外すことはできない。

マリノフスキーは、トロブリアンド諸島の「原始言語」において、情報伝達の用をなさない言葉を人びとがしばしば交わし、かつそれが人びとの生活にとって重要な意味を持っていることに注目し、そのような言語使用を'phatic communion'と呼んだ。直訳すると、〝交感的な霊的交流〟といった意味だが「交感的言語使用」と訳されることが多い。

交感的言語使用において、言葉はまずもって意味の伝達、すなわち言葉が象徴的に表す意味の伝達に用いられるのだろうか？　断じてそうではない！　それらは社会的な機能を遂行するのであり、それこそが主たる目的である。だがそれらは、知的反省の結果でもないし、聞き手にあって反省を喚起するともかぎらない。くり返すが、言語はここで思考の伝達手段として機能しているのではない。

（Malinowski 1923）

右で見たようなあいさつがこの交感的言語使用の例であることは明らかだろう。構造主義言語学の旗手の一人だったヤーコブソンは、言語の六機能説を唱えたことでも知られているが、マリノフスキーの **phatic communion** を引き継ぎ、「交話的機能（phatic function）」として組み込んだ。呼びかけや応答、そしてあいさつなど、コミュニケーションの回路自体を焦点化する機能として、何かを指示しながら実質的な情報伝達を担う「指示機能（referential function）」との間に一線を引く（Jakobson 1960）。

指示機能との対比で交話的機能を捉えるなら、通常のコミュニケーションでは、指示機能が活性化するための前提として交話的機能があると考えてよいだろう——交話的機能の純粋例が出てくるのは、何かの違和や異常を察知した際の確認としての「もしもし？ 聞いてる?」のような場合である。フランスでは、〝Bonjours〟を言わなければ社会的な行為が開始できず――スーパーでレジを打ってもらえない、郵便局で郵便を出せない――、〝Merci〟を言わなければ社会的行為を終了できない――レジのおつりがもらえない（鈴木シルヴィ氏［玉川大学］との私信による）。あるいはまた、呼称が重要視される中国では、相手を適切に呼ばなければ関係を維持できない（第四章であらためて見る）。これらはいずれも、その後に指示機能的コミュニケーションが開始されるために満たされるべき前提条件と見ることができる。

コミュニケーションの一般理論として、指示機能と交話的機能という二段構えは上手い道具立てになっている。満員電車の中で独り話し続ける人がいても誰も応じないのは、その人が誰ともコミュニケーションの回路を作っていないからである。人とのやりとりがぎくしゃくしているとき、「いい?ちょっと最後まで聞いてよ?」のようなメタ・コミュニケーション的な言葉が多くなるのは、その後に発せられる言葉の内容を理解させるために、安定的なコミュニケーションの回路を確保することが必須だからである。このように、指示機能とは違う次元で、その前提条件として働く交話的機能を立てることには理がある。

指示機能と交話的機能の違いを、新規の情報伝達の有/無に求めるならば、比喩的に、指示機能は「話す」こと、交話的機能は「話さない」ことと置き換えることが許されよう。先に引いた作法集を再録した編者が次のように述べていた。

「話せばわかる」といった言語コミュニケーションに対して、「話さなくてもわかる」といった非言語的コミュニケーションが存在する。人は、複雑、微妙な点はともかく、敬う気持ちを、言語を用いずに、立ち居振る舞いで表現することができる。その表現の仕方が礼儀作法である。

（陶・綿抜監修二〇〇八、「刊行にあたって」）

「話さなくてもわかる」ことをこの編者たちはもちろん肯定的に捉えているだろうから、ここでの引用の趣旨は方向がずれる。また、「話さなくてもわかる」のは非言語コミュニケーションの特性と捉えられているから、その点でもずれている。とはいえ、あいさつは、先ほど確認したように言語行為の枠の境界線あたり、情報伝達の実質とは最も遠いところにあるのであって、その点からすれば、あいさつが「話さなくてもわかる」コミュニケーションを体現すると見ることができる。

では日本語のあいさつはどうだろうか？　「おはよう」に対する標準的な返答は「おはよう」であり、「おやすみ」に対しても「おやすみ」である。同様にして、「こんにちは」には「こんにちは」、「さようなら」には「さようなら」で、その後に何かが来るという想定は随意的である。つまり、人びとはあいさつにおいて、あいさつしたという〝印＝token〟をやりとりしており、あいさつそのものには意味の実質は期待されない。

ここまで見てきた近代日本のあいさつ文化は、

あいさつせよ（家族にも友人にも）［＝作法としてのあいさつ］
あいさつすればよい（知らない人にも）［＝「ポポポポ〜ン」］

の二点を基本としていた。これらは交話的機能の領分にあり、指示機能に関してはあまり触れられることがない。あるとすれば、自分の才能や技芸はもちろん、家の権勢などを誇らしげに語ったりしないようにといった「べからず」的な応対の心得だった（『作法教授要項』）。そうすると、日本語のコミュニケーションは、交話的機能の独立性が相対的に高いことになる。そう言ってよければ、交話的機能の肥大化——もっといえば、言っていなくても言ったことになるということ——であり、かつそれを国家が推進した、と。

3　あいさつという儀式

どう終わるか

答えを急ぐ前に、もう一点、あいさつに隣接する言語行為の領域にも少し目を向けておきたい。なぜかと言えば、典型的な言語行為の中には、あいさつに準じるような決まり文句の現れるものがあるからである。呼称やあいさつなど、言語による人びとの社会的ふるまいに関して先駆的な考察をした鈴木孝夫は、ヤーコブソンの立てた三つの機能が働く程度に応じて、あいさつを三つの類型に分けることを提案した（鈴木一九八一）。三つの機能とは、交話的機能〜指示機能〜詩的機能のことで、内容面では、Ⅰ情報伝達性がない（期待されない）〜Ⅱある程度の情報伝達性が期待される〜Ⅲ特別なことを特別に言う、という特徴と平行的である。Ⅲは祝詞《のりと》やスピーチのようなあいさつのことで、通常の言葉とは違うリズムやレトリックが用いられたりする。ⅠとⅡの差は、コミュニケーションの実質がどの程度あるかということだが、鈴木はこれを、あいさつの「ヤアヤア」と「おはよう」の差に相当すると考えた。しかし、先に確認したように、日本語の「おはよう」にはメッセージの実質性は乏しいと考えるのが適切に思われるので、具体例との対応については必ずしも鈴木の考えには従わずに進めることにする。鈴木の類型を表にしておこう。(鈴木は「言話的」という用語を使っているが「交話的」とする。また、「叙述・描写的」とは指示機能のことである。)

いま私が思い描いているのは、感謝と詫び(謝罪)という言語行為である。これらはただのあいさつではないから、この類型に当てはめれば、少なくともⅠではないことになる。しかし一方、感謝でも詫びでも、それ専用のあいさつ言葉のような言葉が、ほぼ必ず用いられる。感謝であれば「ありがとう(ございます)」、詫びであれば「ごめん(なさい)」「すみません」「申し訳ない/申し訳ありません」がそれである。これらの言葉は、それぞれ、感謝と詫びの〝印〟として用いられるものであって、実質的意味、たとえば〝そう滅多にないことだ〟とか〝返済がまだ済んでいない〟といったメッセージとして用いられることはない。一方、感謝や詫びの談話がそれだけで完結することはまずなく、何に感謝するか、何を詫びるか等、付帯的な状況に関する言葉を伴うことになる。そう考えれば、これらの言語行為を鈴木の類型のⅡの事例として見ることができよう。

機能＼類型	Ⅰ	Ⅱ	Ⅲ
交話的 phatic	○	○	○
叙述・描写的 referential	—	○	○
詩的・創造的 poetic	—	—	○

まずは感謝から考えよう。人に何かのお礼を言う場面を考えてもいいし、形としてもう少し見やすいのは書き言葉だから、たとえば何かの礼状を書くことを想定してもいい。(手紙の場合時候のあいさつが入る

が、）何はともあれ、まず初めに、お礼の対象となる事柄について感謝の言葉「ありがとう（ございました）」が書かれるだろう。次には、嬉しさや効用などが少し具体的に書かれるだろう。起承転結の落ち着きを好む人ならば、終わる前に違う話題――たとえば、こちらからの申し出のような返礼に関わる事柄など――に触れるかもしれないが、礼状の最後はどう締めくくるだろうか？　一つ具体例を見てほしい。


暑中お見舞申し上げます。

このたびはご丁寧なお心づかいをいただき、本当にありがとうございました。

明太子は私たち二人とも大好物で、主人もこれでお酒がおいしくいただけると喜んでおります。奥様にもくれぐれも宜しくお伝えください。

まだしばらくは厳しい暑さが続きますが体調にはくれぐれもお気をつけ下さいませ。

お礼のみにて失礼いたします。ありがとうございました。

山田太郎
内

（「便利！わかりやすい！冠婚葬祭マナー」http://www.jp-guide.net/manner/ra/rei.html より拝借）

型通りのお礼状という印象だが、ここではまさにその型通りを見てみたい。今どきのサンプルは、初めだけでなく最後にもまた「ありがとうございました」が置かれているものが多い。つまりは、お礼という談話のまとまりが、二つの「ありがとう」で挟まれる具合になっている。引用したウェブサイトの他の例では、「冒頭には必ずお礼の言葉を」という指示や、締めの「ありがとうございました」について、「結びの言葉の代わりとして入れました」ともある。つまり、「略儀ながら書中をもってお礼申し上げます」や「まずはお礼まで」の代わりとして、再度感謝の定型句を用いるということである。礼状の書き方を指南するサイトはインターネット上に数知れず見つかるが、検索して実例を見れば、大同小異ということがわかるだろう。

これまで見てきた日本語のあいさつは、すべて対になっているという特徴があった。起床と就寝のあいさつ、食事の開始と終了のあいさつ、人との出会いと別れのあいさつ、いずれも、何かの単位や行為の前後を仕切るあいさつだった。言い方を変えれば、それらのあいさつに仕切られることによって、間に挟まれた行為なりが過不足ないものとして意識されるということである。そう思って私たちの日々の言語行為を思い返してみたとき、いまの感謝表現がそうであるように、この前後を挟むことによって仕切るという方式が、言語行為一般にもかなり当てはまるのではないかと思えてくる。では、詫びの言葉はどのように構成されるだろうか？

儀式には仕切りを

あいさつも含め、感謝や詫びといった言語行為は、自文化のものを普通だと（しばしば普遍とすら）思いがちなのに対して、実際には文化間差異も顕著な（文化摩擦の原因ともなる）すぐれて文化的性格のものだという特徴がある（第四章で詳しく見る）。そのため、言語面に関してなら対照言語学的アプローチが有効で、さも当然と思っている言語行為の所作がじつは自文化の特徴だったと知る機会を与えてくれる――それが自文化内でも規範的にマークされる有標の特徴だったりすると、異文化間ではなおさら特異に見える場合がしばしばある。

詫び場面を想定して被験者に疑似的な会話を構成してもらう手法で、日本語母語話者と日本語学習者（台湾人）の詫び談話の構造がどう異なるかを考察した興味深い研究を引用したい。内山和也によると、使用される発話のタイプ（言語行為論的に分類）とその継起順序には、日本語母語話者と学習者それぞれに特徴的な型があり（学習者ではレベルによる型の相違もあり）、基本モデルとして一般化することができるという（内山二〇〇六）。母語話者の基本モデルを表現の典型例で示すと次のようになる（スラッシュ／で区切った箇所はその部分での任意選択的要素、矢印←で区切られたユニットは義務的要素）。

日本語母語話者の詫び談話の基本構造（基本モデル）
《友人から借りたCDを紛失したことを謝罪する場面》
謝りたいことがあります／ごめんなさい（＊）／申し訳ありません（＊）／怒らないで聞いてください
←
借りていたCDをなくしました
←
ごめんなさい
←
同じものを買って返します
←
ごめんなさい（＊）／申し訳ありません（＊）

（＊）内山は「ごめんなさい」を直接の謝罪行為、「申し訳ありません」を罪の意識の表明として区別するが、実質的にはどちらも詫びの決まり文句なので、両者を合わせれば構造はより明瞭になる。

母語話者の基本モデルに見られた最大の特徴は「再謝罪」で、談話の八割に見られたのに対し、学習者になるとその割合は二割以下となった——学習者のレベルが下がるとさらに低かった。この点が日本語母語話者と学習者の最大の相違だった。ちなみに、学習者に典型的な発話には「受容への感謝」(典型的には「ありがとう」)があった。文化間比較の観点として、表現全般における謝罪への傾きと感謝への傾きという尺度は見やすいが、再謝罪と受容への感謝という対比はかなり典型的と言っていいだろう。

筆者も何度か試行的な調査をしたことがあるが、類似の結果が得られている。友人との待ち合わせに大きく遅刻してしまったときどう詫びるか?という設定で大学生に談話を構成してもらうと、日本語母語話者の場合は、意味要素の配列パターンが、

［定型詫び］＋［理由説明］＋［補足情報］＋［伺い］＋［定型詫び］

という枠にかなり収まるのに対して、留学生(中国や韓国)では、相手を呼ぶ［呼称］や相手との関係や感情に言及する［人間関係維持］(たとえば「怒らないで」)といった異なる意味要素が現れた。

話を少し一般化しよう。日本語では、ある言語行為を遂行する談話の前後を定型句で挟む

傾向が顕著に見られる。先に見た感謝の談話でも同じである。そして、くり返しになるが、この傾向は相互行為の始まりと終わりを定型的なあいさつ言葉で仕切る傾向と完全に平行的である。たしかに母語話者の直観としては、初めだけでなく終わりの定型句もないと、行為が完結していない、文字どおり〝締まらない〟感覚となる。定型句で挟むことで、言語行為を一つのまとまりとして儀式的に括り出すような効果が生じると考えることができそうに思われる。日本語の対人的言語生活は、かくまで強い形式性への傾きを持っている――これを「型のコミュニケーション」と呼んで差し支えないだろう。

近代日本のあいさつ文化の基本線として、〝あいさつせよ〟と〝あいさつすればよい〟の二点があると先に確認したが、いまこれを型の言葉に置き換えてみれば、前者は〝仕切られた形を作れ〟であり、後者は〝仕切られた形があればよい〟となる。仕切られた形があるかぎり、そこには感謝なり詫びなりというラベルの付いた言語行為が置かれたことになるから、社会生活上必要なコミュニケーションを満たすためであれば、話し手にとっても受け手にとっても、その行為をしたか否か(されたか否か)に迷うことなく、安心して発し、受け取ることができる。これをさらに「安心のコミュニケーション」と呼び換えるならば、明治以来の百年間で日本語は安心の言葉と安心の所作を作ってきたと見ることができるだろう。

この安心は、言っていなくても言ったことになる安心だから、汎用性が高くまた強力である。その利便性を、国家も国民も最大限に利用してきたように見える。「はじめに」でも触れた企業の謝罪会見は表裏両面における典型であって、最初と最後に深々と頭を下げながら詫びの定型句を言うことで、その談話は見紛うことなき謝罪の談話となり、しかも、間に入る言葉は多すぎると言い訳めいて聞こえるという文化的選好によって、事情の説明や善後策についてはさほど具体的ではなくとも許されるから、結局は〝型〟としての謝罪がきれいに行なわれればよいといった雰囲気となる。実質をどこに担保するかという問題はとりあえず別次元に棚上げできる。そのことがようやく問題にされ始めているだろう。

4　よそいきを纏う言語

歴史と方言

ここまで読んできて、近代日本語の歩みはそうだとしても、江戸時代以前の日本語はそんなに違ったのか？と訝しく思う人も少なくないだろう。そのことを少し見ておきたい。江戸時代の庶民はどんな言葉を話していたのだろう。また、歴史の名残りとして、各地の方言に古い形や表現が現在でも残っていることがあるから、それらの知見も助けになるだろう。

話し言葉はそのつど中空に消えていってしまうので、昔の庶民が実際に話していた言葉を知ることは一般には難しい。しかし幸いなことに日本語では、江戸時代後期の社会的余裕と都市住民の識字率の高さのおかげで、滑稽本や洒落本、人情本といった大衆向けの書物が多数発行されており、それらの中に当時の庶民の言葉にかなり忠実と思われる話し言葉の例を見ることができる。なかでも、江戸時代後期に書かれた式亭三馬の滑稽本『浮世風呂』(一八〇九―一八一三)は、当時の庶民の社交場だった銭湯を舞台に、老若男女のやりとりが面白おかしく描き出される。登場する人物が多様であることに加え、ガ行鼻濁音を区別して表記しているなど、再現性の高さは信頼に価する。

この『浮世風呂』での人びとのやりとりは第四章であらためて検討するが、ここでは一つだけ、「おはよう」や「こんにちは」がどのように現れるかを見ておくことにする。「おはよう」も「こんにちは」も、使用例はたしかに出てくる。しかし、今の使い方とは違っている。一つは、頻度が今に比べれば圧倒的に低いこと、そしてもう一つ、「おはよう」にせよ「こんにちは」にせよ、実質的な意味をまだ失っておらず、〝早い〟とか〝今日は〟どうだとか、自由に実質の言葉と結び付いて使われるということである。次の引用を見てほしい。

おもてのかたより入来るは、七十ばかりのいんきよ、置《おき》づきん紙子《かみこ》のそでなしばおり、十二三のでつちに、ゆかたをもたせてつゑにすがり、くちをむぐ〳〵しながらばんとう「御隠居さん、今日《こんにち》はお早うござります」

いんきよ「どうじや番頭どの。だいぶ寒くなつたの」

ばんとう「ハイそろ〳〵加減が違《ちがつ》て参りました」

（『浮世風呂』前編　巻之上、神保五彌校注、新日本古典文学大系86、岩波書店、一九八九）

銭湯の番頭が隠居老人に対して丁寧にしている朝のあいさつが「御隠居さん、今日《こんにち》はお早うござります」なのである。これは文字どおり〝今日はお早いことで〟と丁寧に言っているわけで、あいさつの定型句というよりは、まだ十分に非定型的な実質の言葉と見ることができる。

次に、方言は何を教えてくれるだろうか。方言学者小林隆らは、言語的発想法の観点からすると、近畿をはじめとする西日本および関東では、言語化（口に出して言う）と定型化（決まった言い方をする）の傾向が強いのに対し、東西の周辺部、特に東北をはじめとする東日本では、言語化も定型化も弱い（口に出して言わない、決まった言い方をしない）と論じている（小林・澤村二〇〇九）。たとえば家庭内でのあいさつは、近畿と関東という日本の中央部では活発なのに対し、東西の周辺部、特に東北では不活発であるという――たとえば朝起きたときのあいさつは、三重では九割を超えるのに対し青森では六割強である（篠崎一九九六）。また、よその人に朝会ったとき何と言うかの調査に基づいて、琉球を中心に「決まった言い方がない」地域があること、また東北や九州など周辺部に、「イー天気ダ」「ドコエ行クカ」「出カケルカ」「起キタカ」などの分布する地域があり、それらの地域では表現が一定しない。そうしたことから、方言周圏論的には、非定型的な表現から定型的な表現への、つまり定型化の傾向を読みとることができるという(三井二〇〇六)。

ここで取り上げた昔の言葉と方言からの例は少しばかりだが、しかしいずれの例も、先に見た近代日本のあいさつ文化の基本線、〝あいさつせよ〟と〝あいさつすればよい〟に沿うものではないことが見えただろうと思う。それらは明治以降の人為的で言語政策的なスローガンだったと考えるべきである。

世界言語になった英語

章の最後に、一見関係なさそうだが深いところで関係していそうな、英語にまつわる話を一つ書いておきたい。二人称単数代名詞に関わる話である。

ヨーロッパの言語に多いが、二人称単数の〝あなた〟を表す代名詞を二系列持つ言語がある。二系列とは親称と敬称で、フランス語の tu/vous の頭文字を取って、T／V代名詞と呼ばれる。ドイツ語の du/Sie もそうだし、ほかに、スペイン語、イタリア語、ロシア語など、例は数多い――ただし、ヨーロッパの言語特有というわけではない。これらすべての言語に共通する特徴は、親称と敬称のうち、二人称単数本来の形は親称の方であって、敬称の形は、二人称の複数形(たとえばフランス語)や、三人称形(イタリア語やドイツ語)、果ては体系外から(スペイン語)の転用だという点にある。そうした転用の動機づけは、一人の相手を一人でないかのように呼ぶことで、あるいは、二人称の相手をそこにいない三人称の人物であるかのように呼ぶことで、指示の強さを和らげるという対人配慮(ポライトネス)的なものである(滝浦二〇〇八a、4)。

英語がこれとどう関わるかというと、英語もずっとこの二系列の二人称単数代名詞を持っていた。持っていたと過去形なのは、英語ではそれが消滅してしまったからであり、現在の英語では〝あなた〟は you 一本である。ではこの you は親称だろうか?敬称だろうか? 本来の形が親称であるなら、本来の形を残して転用形を廃止したのだろうと思いたくなる。しかし、you は二人称複数の形でもあることからもわかるように、これは本来複数形であるものが単数形にも転用された結果である。つまり英語は、本来の形である親称形の方を廃止し、複数形から転用された〝丁寧な〟形だけを残すような変化をした。

本来の二人称単数形は thou であり、シェークスピアの時代にはまだ用いられていたし、また聖書の英訳でも用いられている。シェークスピアの有名な例を一つ挙げよう。

O Romeo, Romeo, wherefore art thou Romeo?　（William Shakespeare, *Romeo and Juliet*）

thou が主語だと、be 動詞は art、have は hast と活用する。この文の訳は、「どうしてあなたはロミオなの？」といったところで、古めの訳だと「汝」という語も用いられるが、なかなか日本語訳では相違が難しい。ただ、はっきり言えることは、ジュリエットは右の台詞を、ロミオに対する近しい距離感の中で言っているということで、you だとよそよそしいニュアンスとなって、同じ事柄が言えるかどうかわからない。

英語はこの thou をやめてしまった。一七世紀に入ると急速に廃れ、一七世紀半ば以降の「後期近代英語」には thou は入っていない。一七世紀とはどんな時代かといえば、ヨーロッパの目がアジアの植民地獲得に向き始めたころで、初頭にはアジア貿易と植民地経営のための「東インド会社」が設立されている。また、ニュートン、ガリレオ、ケプラーといった科学者たちが活躍した「科学革命」の時代でもある。産業革命と大英帝国の興隆は次の世紀を待つことになるが、普遍の知や世界の富に否応なしに目が向けられていったのがこの時代であったことと、thou の消滅は無関係ではないように思われる。

親称と敬称を性格づけるなら、親称は家族や友人を核としつつ、同じ共同体の中で共に暮らす人びとを潜在的な使用対象とするのに対し、敬称は、同じ共同体内なら上位者、そうでなければ〝よその人〟が使用対象である。知や富が原則的に共同体内で循環しているかぎり、人とは顔の見える相手のことだが、知が普遍となり富が世界のものとなってくると、人は顔を失って匿名の存在となる。世界言語とは、知らない者同士がコミュニケーションをとるための共通語ということで、そうすると、匿名の相手とコミュニケーションできることが世界言語たる資格ということになろう。このとき、顔の見える卑近な相手は、二人称における第一の座から滑り落ちるのである。英語が世界言語になったことの背景には、こうした事の次第があるだろう。

このようにして、英語は丁寧な方にシフトする形で、いわば近・親を捨て、遠・疎をとった。この点で、近代日本語の道行きとの重なりも見えてくるように思われる。近・親のコミュニケーションは、江戸時代にもそれ以前にも当然あった。明治政府は、日本が近代国家になるという目標を掲げたとき、やはり近・親を捨て、遠・疎をとる道を選んだ。その意味では、近代日本語は世界言語・英語と同じ方向に進んだと言える。だが一点、動かしがたい相違がある。それは、英語の親称廃止は「国語調査委員会」が決めたのではないことである。英語の変化は自然に生じた。他方、人為においては時間が圧縮される。そして、そのことの意味は、しばらく後になってから見えてくる。

もう一つ、手にしておきたい観点がある。英語は世界言語になった。しかし同時に、世界言語ではない英語もまた存在する。イギリスとアメリカの英語が雰囲気をまったく異にするように、さらには、アメリカと括ったところで、ハリウッド映画に象徴される〝フレンドリー〟な西海岸英語と、ウッディ・アレンのような東海岸的な英語――普通に話すにもおずおずと言い淀まずにはいられないような〝遠慮〟に満ちた英語――とでは、コミュニケーションの形が全然違う。日本語も同様だろう。一方には「標準語」となった東京の言葉があり、その対抗勢力として、最も有力な方言としての大阪（関西）の方言がある。そして両者はコミュニケーションの形を大きく異にしている。

次には、これらのことから得られる示唆を検証したいと思う。だがその前に、〝あいさつせよ〟と〝あいさつすればよい〟の間にあった反対の方向性や、東京対大阪に見られる反対の方向性などを考察できるように、少し道具立てを整えておく必要があるだろう。

第三章　コミュニケーションをとらえる

1　媒介としての言語

近づけつつ遠ざける

関係と媒介、ということを少し考えてみたい。といっても、あいさつの話の続きだと思ってもらってかまわない。前章で見たのは、あいさつの機能、つまり、あいさつをしたときに、どのような効果をもたらすかということだった。ここで考えたいのは、あいさつをする／しないの状況、つまり、あいさつが交わされる関係と、あいさつをすることのそもそもの意味についてである。

たとえば、特別な意味を持たない場所で知らない人に出会ったとき、あいさつをするかと言われたら、しないだろう。しないのが普通である社会は、自分と何らかの関係が生じると想定されない相手にはあいさつをしない慣習だということになる。（目が合ったら軽く微笑むという文化もある。それは目が合ったという出来事を一種の臨時的な関係の成立と捉える文化といえる。）あいさつをするのは知っている人に対してである。知っている人といっても程度はさまざまあるから、ではとてもよく知ってる人、たとえば家族にはどうだろう？　家でもあいさつせよとのイデオロギーについては書いたばかりだが、ならば家でなく町でならどうだろう？　偶然親と出くわしたそのとき、出てくる言葉は、

「あれ、お父さん、こんなところで何してるの？」

ではあっても、

??「あれ、お父さん、こんにちは。」

ではないはずだ。これは冗談ではなく、関係が近すぎてもあいさつしない慣習が日本語にもあることの証左である。

要約すれば、関係が遠すぎても近すぎても、あいさつはしない。あいさつをするのは、遠すぎもせず近すぎもせず、そう言ってよければ〝グレー・ゾーン〟の相手である。ここから、あいさつという行為の最も基本的な意味が浮かび上がってくる。あいさつとは、あなたとの距離を適正なところに定めますよ、との合図ないしは宣言である。遠すぎたり近すぎたりす

る相手との距離は、あらためて定めるまでもなくわかっている。定める必要があるのは、関係に流動性がある相手の場合なのだ。

このとき、関係を測ったり動かしたりするための媒介――メディアと言い換えてもいい――が必要となる。あいさつという行為における媒介者は、言語である――身ぶりもそうだがここでは取り上げない。言語は、人を〝近づけつつ遠ざける〟という両義的な働きをしながら、対人関係の媒介者として機能する。関係にとって媒介が重要であることは、たとえば群れで暮らす動物たちの生態を考えてみればいい。無媒介的な近すぎる関係はしばしば危険を孕《はら》むものとなり、その危険を冒したくなければ、関係自体が成り立たないほど遠ざかるしかない。人間の社会において、対人関係の距離が適度に調整されるのは、媒介者としての言語の働きによるところが大きい。

この事情は、たとえばメディアとしての貨幣の機能にも通じるところがある。顔を知らない相手には売るものがない、という閉じた交換体系が存在する。共同体的な結びつきの強い場所や時代に多く、そこでは、商取引の相手かどうかはその人物との人間関係によって規定される。貨幣は成熟していないか、あってもまだ量的な尺度でしかない。それに対して、どこの誰か知らずとも貨幣という媒介を所持している者には売れる、という開かれた交換体系が存在する。現代の私たちの社会がもちろんその一例だが、そうした社会では貨幣が強力な媒介機能を果たすため、たとえば子どもが、媒介の貨幣を持っているだけで、酒やタバコなど本来は買えないはずのものまで買えてしまうといった現象が生じて問題にもなる。

貨幣と言語の最も大きな相違は、貨幣の媒介的意味は一種類しかないのに対し、言語は媒介者として人を〝近づけつつ遠ざける〟のみならず、相手との関係や発せられる言葉の意味に応じて、近づける（近接指向的）と遠ざける（遠隔指向的）の二種類の意味を持つ点である。あいさつという行為は、近くもなり遠くもなるグレー・ゾーンの人びとを対人距離的に定位するという共通の機能を持ちながら、そのつどの使用における近接的／遠隔的の二方向性の点で、結果として相手を近づけるか遠ざけるかのどちらかの働きをする。後者において捉えれば、親しき仲にも礼儀あり、との像が描かれ、前者の効果において捉えれば、あいさつすれば友だちできる、との像となることは、前章で見たとおりである。

人はなぜ人を呼ぶか

言語の用途はさまざまな情報を伝え合うことと言って間違いないのだが、あいさつに見られるような対人コミュニケーション回路の設定・確認・維持といった働き――ヤーコブソンの交話的機能――にひとたび目を向けてみると、情報伝達以前の基盤作りに関わる道具を言語が念入りに用意していることに気づかされる。あいさつが言語行為かどうかの境界的な位置にあることは先に見たが、それ以上に言語行為でないのが、呼称、すなわち人を呼ぶことである。

呼ぶとは何だろう？　とりあえず注意喚起という言葉を当てておくとして――呼びかけるのか呼びとめるのかという大きな違いがあるが後で触れる――、それは相手の注意をこちらに引きつけることだから、明らかに情報伝達のはるか手前のことだとわかる。では逆に、呼称は注意喚起のためにあると言ったら正しいだろうか？　否である。なぜなら、もし注意喚起が呼称の唯一の機能なのだとしたら、呼称はただ一つの語や合図――たとえば「おい」でも「ねえ」でも、あるいは「ホ！」「ヨ！」でもいい――があれば足りるはずだろう。実際には、同じ人物を呼ぶにも呼び方は何通りもあって、そのどれを選ぶかによってニュアンスは大きく変わってしまう。

自分の経験で思い描いてほしい。たとえば、普段は愛称で呼んでくれる友だちが、ある日突然「名字＋さん」で呼ぶようになったらどうだろう？　それは悪い冗談でなければただならぬ何かであって、一体どうしちゃったのかと大いに戸惑うことだろう。たかが呼び方ではなくて、呼び方ひとつで関係のありようがすっかり変わってしまうことを、人は直観的によく知っている。

呼び方で関係のありようが変わってしまうのは、まさに呼称が相手との関係のありようを、もう少し言えば、相手との関係についての話し手の認識を言語化するからにほかならない。子どもが母親を呼ぶのに、「ママ」でも「おふくろ」でも「かあちゃん」でも、〝母〟であることを呼んでいるかぎりは日本語における通常の呼称の枠内に収まる。しかし、「あんた」と呼んだらすなわち〝母〟を否定する含みを帯び、「みさえ」と呼んだらまるで旦那か〝タメ〟の友だちであるかのような大きな態度となって、クレヨンしんちゃんはお母さんに怒られなければならない。

日本語における呼称の規範的用法では、「(お)母さん」「ママ」のような親族名称は役割呼称で、〈上〉とマークされた人物に用いられる。そう呼ばれる人が自分で引き取って自称に用いることさえできる――「お母さんはあなたのことを思って言うのよ」のように。それに対して、「あなた」のような代名詞や「みさえ」のような名前による呼称は、〈下〉か〈等〉とマークされた人物に用いる呼称である――だから子どもから「あなた」と呼ばれとき親は警戒モードに入るだろう。

呼称はこのように多様である。だがそれは、ただ〝いろいろ〟なのではなく、人間関係をいくつかのカテゴリーにまとめ上げるように、じつはとても機能的に組織されている。〈上／下〉というのを独立の尺度と見ることも可能だが、たとえば〈上〉の役割呼称に、人自身を呼ぶことの回避という意味合いを読み込むならば、呼ぶことを間接化することで対人距離を確保する遠隔指向的な手段と見ることができる。その裏返しで、〈下〉の名前呼称や代名詞呼称を、人自身の呼称を回避しない手段と見るなら、直接的に相手を呼ぶことを厭わない近接指向的な呼称と見ることができる。そうすると、あいさつの場合と同じように呼称もまた、遠隔的に相手を遠ざける効果か、近接的に相手を近づける効果のいずれかの方向性で機能することになる。

こうして見えてくるのが、対人距離の遠近を尺度として、人間関係を二方向的に捉える枠組みである。現代におけるその最新バージョンは、ブラウンとレヴィンソンが提唱したポライトネスの理論で、彼らはネガティブ／ポジティブという言葉を用いて回避的(avoidance-based)／連帯的(solidarity-based)という二方向性を表す(Brown & Levinson 1987)。そこで現在なら、右のような話題はポライトネスの理論に依拠した説明を試みたくなる――その一例として滝浦(二〇〇八a、4)を見てみてほしい。だが、もともと、対人関係の二方向性という考え方は人類学の流れの中から出てきたもので、特別に目新しい考え方ではない。デュルケームの消極的儀礼／積極的儀礼――聖なるものに触れたり近づいたりしないことで聖性を汚さないようにする儀礼と、触れたり通じ合ったりすることで聖性を強化する儀礼――や、ラドクリフ＝ブラウンの忌避関係／冗談関係――共同体での人間関係が、避けたり丁重に接したりしなければならない相手と、じゃれ合ったり冗談を言ったりできる相手にあらかじめ分かれていること――など、共通の発想に基づく二項対立はいくつもある（Durkheim 1912, Radcliffe-Brown 1952）。

日本の文脈ではこの対があまり目立たないように思われるが、それは、明治の後半以降、敬語が〝日本人の精神性の表れ〟と持ち上げられるようになってから、対の一方だけが取り上げられ、もう一方の近接性が等閑視されてきたからにすぎない。実際、言語研究者ではなくこうした流れから自由なところに身を置き、人の呼び名を対象として、人を呼ぶことの意味をこの二方向性の尺度で考えた人物がいた。明治大正期に活躍した法学者の穂積陳重《のぶしげ》である。穂積の議論は人間関係を捉える言語の二方向的な働きを、驚くべき正確さで描き出すことに成功している。せっかく日本的な文脈でもあるので、節を改めて穂積の議論を振り返ることにしよう――穂積のことは滝浦（二〇〇五）でも触れたので、話が重複することをお許しいただきたい。

2　近きは賤しく、遠きは貴し――穂積陳重の呼称論

天照大神《あまてらすおおみかみ》の名を知らない人はいないだろう。日本武尊《やまとたけるのみこと》や大国主命《おおくにぬしのみこと》の名も同様。では、これらの名前はすべてこの神やみことの本名である、と言われたらどうだろう？　面食らっ

てしまうのではないだろうか――しかも神様の本名！である。だが、明治大正時代には、これらの名は本名であるという考えが否定されずにいた。正確には、本名であると認めることになってしまうある考え方が正しいものと見なされていたということだが、穂積は『諱《いみな》に関する疑』という論文を提出して、それが誤りであると主張した(穂積一九一九)。

その考えとは、古来日本には貴人の名を忌んで避ける忌み名(諱)の習俗がなかったというものである。忌み名の習俗がなければ、名はすべて本名だということになり、したがって神々や貴人らの称え名(美称)も本名だとの解釈が出てくる。これは江戸時代の国学者本居宣長の唱えた説で、国学の巨人宣長の説に誰もあえて反論しようとしなかったため、明治や大正の時代になってもその説が通用している状況があった。「天照大神」は世界を照らす光を生む神であるし、「大国主命」は読んで字のごとく国の主である。「日本武尊」も絶倫の武勇に因《ちな》んだ名で、『日本書紀』にも尊号との記述がある。これらは明らかに称え名だが、宣長説は、名とはそもそもが称えて付ける美称であるから、そのまま呼んでも非礼には当たらない、人の名を呼ぶことを無礼として忌み避けるようになったのは中国風の後世の習慣であるとした――宣長はそれを「漢意《からごころ》」として批判の対象とした。

穂積はそれに反論する。名はすべて美称であるとする説は、実名と尊号の別を混同したものであり、さらに実名が忘れられたという事実を忘れたものであると。右の例のいずれも、その存在や功績の大きさを称えて後から付いた呼び名であり、彼はヨーロッパの人類学者たちの知見に基づきながら、忌み名の習俗は人類学的普遍であって、美称もまた本名を避ける一つの手法であると主張した。

穂積の主張の核心は、忌み名は本名を呼ばないことで敬称をなすところに本質があるというものだった。敬称は、実名を避けることを眼目とするものと実名を尊号で置き換えるものがあり、前者は避称で後者が美称である。穂積はこの忌み名と敬称の関係を示すために、その反対すなわち名を忌まないことの意味を説いた。相手をそのまま呼ぶことは直称であり、直称の効果は賤称ないし罵称となる。こうした事情を穂積は短い言葉で要約する――「近きは賤《いや》しく、遠きは貴し」。

このことが最も要約的に述べられた一節を、穂積の孫による現代語訳から引用する。

対称代名詞の用例によって見ても避称は敬意の表明であって、名を直接に呼ぶことは親子・夫婦・親友等の密接な親愛関係の場合のほかは賤称または罵称であることを知ることができる。概していえば対称代名詞にも敬避の用法があって、その呼びかけられる人に近ければ近いほどこれを親愛しまたは軽んずるという意味を表し、これに遠ざかれば遠ざかるほどこれを畏敬しまたは重んずるという意味を表すものである。この思想があるために、その言葉の固有の語格にかかわらず相手方に対する態度によってその用法を異にするのが常である。例えば軽んずるときには直称して「其方」(そなた・そち・そのほう)といい、重んずるときは避称して「彼方《あなた》」といい、なお重んずるときは避称を重ねて「彼方様《あなたさま》」という。そしてこれを避けることが遠ければ遠いほどこれを尊ぶことがいよいよ重く、ついに陛下・殿下・閣下・貴下等の敬称代名詞が現れるにいたるのである。

これに反して人を賤称する際に、最も相手に肉迫してこれを「われ」と呼び「おのれ」と叫ぶときは罵倒敵意をふくむものであり、さらに「うぬ」と怒号するときはほとんど鉄拳これに次ぐの語勢がある。(穂積一九一九、三2)

親密な間柄の相手とはもともと距離が近いから、直接呼んでも相手への侵犯にはならないが、もともと近くない相手を直称するならば、相手の領分を土足で侵犯するような意味合いを帯び、ゆえに賤称ないし罵称となるのである。その極致は二人称と一人称を反転させた形(呼称反転)で、相手を「われ」や「おのれ」と呼ぶことは、相手の〝我〟や〝己〟を直に指すこととなって、相手を貶《おとし》める力が最も強い。用例は古くからあり、たとえば『古事記』でスサノヲが大国主命に浴びせる罵倒の言葉は「意礼《おれ》大国主神」である──「おれ」は「俺」

だし、「われ」や「おんどれ」（＜おのれ）を現代でも近畿の方言に見ることができる。穂積はさらにこう要約する。

遠ざかるを以て尊敬とし、近づくを以て冒瀆とし、他人を称呼するときにもこれを直指しないことを敬意の表明とする習俗

（同）

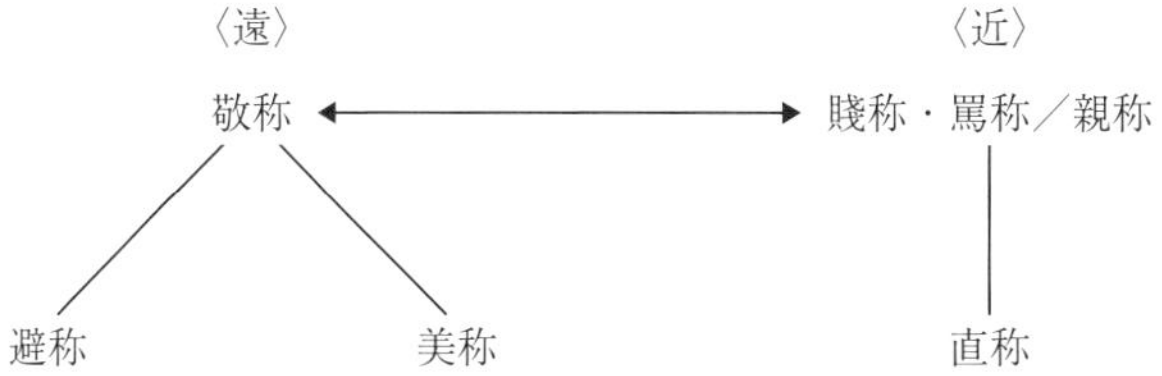

穂積の呼称論

対人関係を遠近の尺度で捉える一つの人類学的な原理の表明と言ってよいだろう。これを、穂積が取り上げた具体的な呼称の種類と対応づけて図示しよう（「親愛関係」の呼称を「親称」と言い換える）。

遠近を基本の軸とする点で、穂積の呼称論は現代のポライトネス理論と同じ平面に立つが、「美称」の位置づけに特徴がある。いわば遠近両方の契機を含むような扱いになっており、名を忌んで避ける根本の動機づけは〈遠〉だが、避けた後に称える点では〈近〉である——誉めるとは相手に触れて是認することだから。近を＋、遠を－に置き換えるなら、避称は－、直称は＋、美称は±、ということになるだろう。

これはこれで十分成立する枠組みである。

3　人間関係を単純化する敬語

言語学的普遍の問題として言えば、各言語はこの遠近の対比を、多かれ少なかれ体系の内に取り込んでいる。個別言語の問題としては、どの程度取り込んでいるか――対人関係の表現にどの程度〝うるさい〟か――、また遠近どちらへの傾きが強いかが問題となる。敬語という対人関係表現専用の小体系を持っている日本語は、遠近の距離感を大きく取り込んだ言語の典型と言ってよく、また敬語がクローズアップされればされるほど、〈遠〉への傾きが大きいことになる。以下、この敬語をめぐって考えを進めていきたい。

もっとも、日本の中での敬語についての理解はこのとおりではないだろう。右の枠組みは現代日本の私たちにとってどれほど馴染みがあるだろうか？　「避称」のところに「敬語」を置き、「直称」のところに「タメ語」を置いてみれば（美称は今は触れない）、私たちの言葉遣いが遠近の軸上での焦点合わせであることが明瞭に見えるはずだが、言葉についてそのような全体像の実感はあまりないかもしれない。前の二つの章で見てきた話は、この百年間、敬語つまりこの図式の「避称」のところにだけ光が当てられ、教え込まれてきたということである。しかもそれが、〈遠〉ではなく作法としての〈敬〉によって語られたこと、身分社会的な上下を決める〈上〉でもなく、しばしば民族的心性や心情の問題とされた〈敬〉による語りだったことによって、このとても単純なはずの全体像は、むしろ見えにくいぼやけた像になってしまった(滝浦二〇〇五、I)。

〈遠〉は〈上〉も包摂する契機であり、かつそれは、〈近〉が〈下〉を包摂するのと表裏をなす。〈遠／近〉は最も包括的な軸で、敬語の働きもその軸上で捉えると全体がよく見える。敬語の基本的な働きを〈距離〉と見ることは、大石初太郎や柴田武らを先駆的な例としつつも(大石一九七四、柴田一九八八)、近年になってようやく一般化しつつある。滝浦の前掲書のほか、それより少し早く橋本治が中高生向けに書いた敬語論(橋本二〇〇五)、あるいは、これも研究書ではないが梶原しげるの敬語論(梶原二〇〇八)など、じつは敬語論でありながら同時にタメ語論であるという特徴を持っている。敬語をタメ語の側から見るという新しさは、この遠近の軸を設定するところから出てくる。この百年間の敬語語りに最も欠けていた観点は、敬語をつねにタメ語と一緒に見ることだったというのが最も正確な言い方だと思う。

さて、この確認をした上で、日本語の敬語という道具が具体的に何をしているかについて考えたい。現代日本語の標準語における敬語は、敬語が向けられる対象者(役割)とその扱い(待遇)によって四つのタイプに分けられる。対象者(役割)は三つあり、当の動作などをする人つまり「動作主」、当の動作などを受ける人つまり「受容者」、話し手が話している相手つまり「聞き手」である。扱い（待遇）は、遠近の軸に沿って〈ウチ／ソト〉の扱いをするものと考え、敬語使用によって〈ソト〉待遇する（従来的な〈上〉待遇も含む）か、敬語の不使用によって（同じことだがタメ語の使用によって）事実上〈ウチ〉待遇する（従来的な〈下〉待遇も含む）かのいずれかである。ただし、「動作主」については、いわゆるへり下り的な意味合いで明示的に〈ウチ〉待遇するものがある。これらによって分類される敬語は、いわゆる敬語の三類型「尊敬語」「謙譲語」「丁寧語」と、「謙譲語」から分離されたものとしての「丁重語」とで四つとなる。さも意味ありげな各々の名称がじつは混乱の原因となってもいるのだが、ここでは名称の意味は考えず単に区別のための目印と考えていただきたい。それらは次のように整理できる。

【現代日本語の敬語の種類と働き】

①「尊敬語」…動作主をソト待遇　「お／御〜になる」「〜（ら）れる」等

例「お休みになる」「読まれる」

②「謙譲語」…受容者をソト待遇　「お／御〜する」等

例「お送りする」「ご案内する」

③「丁寧語」…聞き手をソト待遇　「です・ます」「ございます」

④「丁重語」…動作主をウチ待遇　「いたす」「申す」「参る」「存ずる」等

（名詞や形容詞の敬語化についてもこれに準じて考えることができる。また、二〇〇七年文化審議会「敬語の指針」で、「おビール」「お野菜」等の一般的な美化表現としての「美化語」を加えた五分類が公式に採用されたが、美化語の使用は周辺的にとどまるので省く。）

このような体系を持ったこの道具は、究極的に何をしているだろうか。敬語の使用／不使用をスイッチのようなものと考えれば、このシステムは動作主や受容者といった各対象について、ソトに置くか置かないか、ウチに置くか置かないかの選択をそのつどしていると見ることができる。いま仮に、ソト待遇することを＋、しないことを0、ウチ待遇することを－で表すとしたら、各対象は次のように待遇の選択をされることになる。

【敬語による待遇の選択指定】

［動作主］　＋／0／－　←尊敬語と丁重語の働きによる

［受容者］　＋／0　←謙譲語の働きによる

［聞き手］　＋／0　←丁寧語の働きによる

たとえば、

「ゲストは社長がお送りさ〔受容者＋待遇〕れる〔動作主＋待遇〕そうです〔聞き手＋待遇〕よ。」

という文は、三つの対象すべてを＋待遇しているが、

「ゲストは社長が送るそうだよ。」

なら三つとも0待遇となる。この三つの組み合わせが原則的に自由と見れば、単純計算で3×2×2＝12通りの組み合わせがあることになる——現代語で謙譲語と尊敬語が組み合わせにくくなっていることを考慮すれば約10通りとなる。話す際にいちいち12通りの可能性など考えないと思われるだろうが、そうした直観を裏切って、たとえば「これ、おいしい！」と「これ、おいしいです！」の距離感の違いに人びとはとても鋭敏だし、同僚にかかってきた電話に、

「本日○△はお休みをいただい［動作主 −待遇］ており［動作主 −待遇］ます［聞き手 ＋待遇］。」

と応える人は、電話の相手を〈遠〉でマークするだけでは足りず、同僚を〈近〉でマークする（しかも二つ重ねて）ことによって、距離の差をいわば二重にする。

　こうした敬語の現象に対する従来のコメントは、日本語の敬語はかくまで用法が複雑（で、それは日本文化における対人配慮の細やかさの反映）だというものである。しかし本書はここで、反対向きの仮説を提示したい。それは、

敬語がこのような一見手の込んだマーキングをするのは、人間関係をあらかじめ整理し単純化しておくためである。

というものである。三つの対象に話し手自身を加えた四者は、会話の参加者——話している私たち——と、話に出てくる登場人物らを代表する。人が四人もいたら人間関係の可能性はきわめて多様になる。しかし、この敬語のシステムは、それを遠近の尺度によって10通り程度にまで減らすことができる。聞き手はそれを手がかりとして、文の意味内容とはある程度独立に人間関係の構図を把握することができる。それは実際の人間関係そのままである必要

はなく、話し手が認識している／表現したい人間関係であってかまわない。聞き手はそれがわかれば、内容以前に相手のスタンスが把握でき、応答の仕方を方向づけることができる。このように考えることができれば、複雑そうに見える敬語は、じつは人間関係を単純化することに存在意義を見出されていることになる。

4　複雑性の縮減――ルーマン社会学を導きとして

血液型性格分類を例に

このような考え方は、ドイツの社会学者N・ルーマンのシステム理論からの示唆である。専門的関心のある人でなければ、ルーマンの名は馴染みがないかもしれない。高度に抽象的で難解な理論のため、具体的な対象への適用も容易ではない。だが、「環境／システム」「複雑性／縮減」といったタームによって構成される理論の基本的な発想は、むしろ明瞭である。それを解説した記述から引用する。

この世界には実現される体験や行為よりもはるかに多くの体験や行為の可能性が常に存在しており（世界の複雑性）、われわれは生きてゆくためにはこの無数の可能性のなかから限られたものを選択せざるを得ない(複雑性の縮減)。この「複雑性の縮減」という機能を担うのが「意味」であり、この「意味」を構成する主体が「システム」である。

(山口一九八六)

要素があって各要素が相互に関係づけられている状態をシステムと考える。システムの外側には環境があるが、環境はつねにシステムより複雑である。逆に言えば、ありのままの世界は複雑すぎて人間の受容能力を超えてしまうため、システムは意味づけによって環境の複雑性を縮減する。つまり、システムとは環境の複雑さを社会的行為の行為者(つまりは共同体)にとって必要十分な程度の認知的複雑さに減じて表現する、それ自身ある程度の複雑さを持った装置である(難解な著作の中でルーマン一九九〇が比較的読みやすい)。

厳密な意味でのシステムや環境からは少し自由に、複雑性の縮減という概念を理解しておきたい。この考え方でうまく説明できそうに思われる一つの例が、日本で人気の高い血液型性格分類である。ドイツに端を発し、昭和初期に古川竹二が提唱し現代では能見政比古・俊賢親子によって流布されている言説で、科学的に支持する検証結果は得られていない一方、多かれ少なかれ信じている人も多く、メディアも大きく取り上げる。日本以外の国では、日本から〝輸出〟された韓国や台湾では流行も見られるが、世界的に血液型と性格の関係についての関心は低い。特にヨーロッパでは、ナチスドイツが血液型を能力の優劣と関係づけた経緯もあり、むしろ差別の一種と受け取る傾向が強い（詳しくは、松田一九九一を参照）。

さて、この考え方は血液型という指標によって人を分類する。人が百人いたとして十人十色だとすると、そこには百通りの複雑性があることになる。これは人間の複雑性受容能力にとって大きな負荷となる。それを血液型で分類するなら、ＡＢＯ式血液型は四種類あるから複雑性は四通りとなり、百通りから大きく縮減される。が、これだけでは説明にならない。問いは二つあり、なぜ血液型か？——ほかにも人を分類できる指標はいろいろある——、そして、なぜ日本だけ？——たとえ差別的でも分類として機能するなら人はそう簡単に手放さない——、ということを説明しなければならない。

人を分類できる指標としては、ほかに、性別、利き手、生まれ月、きょうだい内での順位などさまざまなものが思いつく。しかし、性別は社会生活においてあまりに基本の区分として使われており、利き手は右利きが約九割と圧倒的多数を占めるため——それも説は一定しないようだが——少数者を括り出すことしかできず、生まれ月は12通りあってそれなりに複雑である——職業的な占い師が登場する余地だろう——。また、長男／次女といったきょうだい内の位置は、育て方の違いと結びつきやすく性格に影響してもおかしくないが、長兄が特権的だったり子だくさんが普通の社会でないと意味がないという短所がある。これらに対し、血液型の分類数は四通りで認知的負荷としても〝ちょうどいい〟ことに加え、血液型がない人はいないから必ず分類できるという長所がある。

また、これは第二の問いとも関係するが、血液型の分布割合も関係する。日本の血液型は、O：A：B：ABが約3：4：2：1の比率で分布している（日本赤十字社ホームページ［http://www.jrc.or.jp/blood/knowledge/tipe/index.html］、ただしソースや時期も明記されていない）。ところが、ヨーロッパはO型とA型で八〜九割を占めてしまう国が多いし、南米ではO型だけというところもあり、またAB型は数パーセントに満たないところが世界中ほとんどである――余談だが世界の血液型分布一覧のようなデータは少なく、インターネットではBloodBook. comというアメリカの民間企業が公表しているものが目につく程度である（http://www.bloodbook.com/world-abo.html）。韓国は日本と似た分布で、かつAB型が一割を超えるので、血液型性格分類が流行る素地があると言えるだろう。

なぜ日本で？という問いだが、逆に日本以外で、人を分類するどのような指標があるかを考えてみると、日本では日常的でない指標がじつはたくさんあることに気づかされる。たとえば人種。コーカソイド（白人）／モンゴロイド（黄色人種）／ネグロイド（黒人）／オーストラロイド（オーストラリアのアボリジニなど）の「四大人種」など有名だが、これがアメリカなどで十分差別的に使われてきたことは説明を要しないだろう。同様に、アングロ・サクソン

／ヒスパニック／コリアンといった出自もまた、多民族社会であれば基本的な指標となる。もう一つ、宗教も見落とせない。キリスト教／イスラム教／仏教／ヒンズー教という「四大宗教」――これも4！――が、けっして平和的とは言えない深刻な対立の背景にしばしばなっていることも論をまたない。

アメリカやヨーロッパのような人びとが交錯する場所では、これら人種や出自や宗教といった指標が否応なしに目立つことになり、それによって複雑性が大幅に縮減される――その縮減力の大きさ自体がしばしば差別的な意味づけをしてしまう。ところが、単一民族幻想が強く宗教的バリエーションも小さかった日本では、これらの指標はいずれも顕著でなかった。そうした条件下で〝疑似生物学的〟に人の複雑性を四通りにまで縮減してくれる血液型という指標は、いかにも好都合だったと言えるのではないだろうか。そういう意味では、血液型性格分類は、日本の単一民族幻想の裏返しということになる――〝単一〟はじつは複雑性をまったく縮減しないのだ。

敬語ふたたび

ルーマンに戻ろう。ルーマンはシステムを語るとき同時にメディアを語る。たとえば、「経済」という社会システムがあるとき、そこでのコミュニケーションを確保するのが「貨幣」というメディアであり、「政治」という社会システムのコミュニケーションでは「権力」がメディアある、等々。じつは「言語」はルーマンの枠組みの中で大きく取り上げられるわけではない。それはおそらく、言語はあらゆるシステムにおけるコミュニケーションに関わるメタ的な位置にあるからだと思われるが、ここでは言語そのものを考えたいから、いわば「人間交際」という社会システムにおけるメディアを「言語」と位置づけて考えていきたい。

言語というメディアがコミュニケーションにおいて果たす諸機能は言語の違いによらず普遍的と見ていいが、それを遂行するために個々の言語が用いる要素の種類や用い方は言語によって異なる。たとえば、事物を指示するという機能は言語にとって本質的だが、にもかかわらず、それを遂行する仕方にはかなりの幅がある。英語をはじめとするヨーロッパの言語の多くは、定／不定や単数／複数といったカテゴリーであらかじめ指定した上で事物そのものを指定する。それに対し、日本語は冠詞を持たず、いきなり事物を指定する方式を採用している。前者はいわば複雑性を二段構えで縮減するのに対し、後者は大きな落差で一度に縮減するという相違がある。先に見た対人的な機能でもそうで、遠近二方向での媒介的な働きをする点ではどの言語も同じだが、その遂行に当たって、日本語ではたとえば敬語が専門の道具として大きな位置を占めるが、そうした要素を持たない言語では、同じ機能を別の手段の転用や組み合わせによって果たす。

そのようにして、敬語は人間関係の複雑性を〝あらかじめ〟縮減する——冠詞があらかじめカテゴリーに縮減するように——と言うことができる。敬語を持たない言語の場合は、〝あとから〟解釈過程を経て機能が特定される具合になる——たとえば、相手がCould you...と言ったのを聞いただけでは、過去の能力を聞きたいのか柔らかな依頼をしようとしているのか、原理的には決まらない——もちろん、そこで文脈の助けが決め手になる。

韓国・朝鮮語は日本語と基本的に同じ仕組みの敬語体系を持っている。日本語にはないことだが、この言語では、話し相手の年齢を知らないと言葉を口にできないとよく言われる。なぜかというと、この言語は、話し相手をどう待遇するかに非常に神経を使い、その基準が年齢の上下にあるため、相手と自分の上下がわからないと適切な待遇形式を選択できないからである——だから韓国の人は初対面でも相手の干支や大学の入学年を聞いて年齢を知ろうとする。次章であらためて見るが、韓国語における話し相手の待遇形式は六つに分かれている。普通の見方からすれば、これはとても〝複雑な〟待遇体系ということになるが、ここでの考え方は逆になる。もし何のマーカーもなければ話し相手についての複雑性はまったく減じられないところを、この言語では六通りのカテゴリーに分類してから、つまり複雑性を六通りにまで〝あらかじめ〟縮減しておいてから、コミュニケーションが始まるのである。ちなみに、この言語では、こうして選択されたカテゴリーは、会話が始まってからも変動しにくい点で、日本語よりも律儀である(李他二〇〇四、6)。

これで、先ほど日本語の敬語について見ておいたことがようやく了解できるだろう。日本語の敬語は、聞き手や登場人物を合わせた人間関係の複雑性を10通り程度に縮減する。あらかじめそのように可能性を狭めておくことで、話し手も聞き手もそこで描かれている人間関係の布置を共有した上で話すことができる。では、日本語はなぜそのような縮減を必要としたのだろうか。基本的な答えは、日本が長いこと身分社会だったことに求められるだろう。ことに、鎌倉以降江戸時代までの武家政権というのは、一応〝軍事政権〟であるわけで、そこでは身分の序列が秩序の基本であって、とりわけ聞き手と登場人物の関係に気を使わないと聞き手に対して礼を失することになりかねないのが、日本語敬語の特徴である。そうした必要性から発達したのが、この敬語による人間関係の縮減だったと言えるのではないか。同じ理由の裏返しで、民衆の話し言葉はそれほど敬語にうるさくなかっただろうことも了解できる(このことも次章でまた取り上げる)。このように、外界の複雑性を減じる度合いは、対象を捉える際の認知的負荷を小さくする必要と、対象を区別する差異化の必要の程度との、バランス次第なのである。

5　敬語ではないポライトネス

前章の最後で触れたように、ヨーロッパの言語には、人称代名詞の二人称単数形にT／Vの二系列を持つ言語が多くある。それらの体系は小さいながらも敬語を含む体系であり、したがって、そこでは話し相手についての複雑性が二通りに縮減される。また、本章の初めに見た呼称も同様に、話し相手を遠近の尺度上に定位する働きをする。しかし、これ以外の点では特にあらかじめ複雑性の縮減が行なわれるわけではない。

では、こうした言語を含め、敬語の体系を持たない言語では、敬語的な距離感はどのように表現・伝達されるのだろうか。言語の機能として対人距離の遠近を伝え合うことは、おそらく普遍的である――言語がモールス信号による通信でないかぎり。しかし、そのための専用の手段を持たない言語の場合、対人距離のコミュニケーションは本務を別に持つ手段の兼務によることになる。

たとえば、相手を〈遠〉とマークする手段はどのくらいあるのだろう？　それはたくさんある、ということを理論として提示したのが、前に触れたブラウンとレヴィンソンの新しさだった。遠／近は彼らの言葉ではネガティブ／ポジティブとなり、表現・伝達される対人配慮がポライトネス、それを表現する手段がストラテジーと呼ばれるので、「ネガティブ・ポライトネスのストラテジー」がそれに当たる。どんな手段が挙げられているか見てみよう（Brown & Levinson 1987, 5. 3, 5. 4、詳しい解説は、滝浦二〇〇五、二〇〇八ａ）。

【ネガティブ・ポライトネスのストラテジー】
ストラテジー1…慣習的な間接性に訴える
ストラテジー2…質問する・曖昧化する
ストラテジー3…悲観視する
ストラテジー4…負荷（Rx）を最小化する
ストラテジー5…敬意を示す
ストラテジー6…謝罪する
ストラテジー7…自分と相手を非人称化・非個人化・非人格化する
ストラテジー8…フェイス侵害行為を一般則として述べる
ストラテジー9…名詞化する
ストラテジー10…自分が借りを負うこと・相手に借りを負わせないことを明言する

英語の例だが、Can you…? や Will you…? のような字義的には能力や意思を尋ねる疑問文が、実質的には依頼の表現として用いられる。それが「慣習的な間接性」(1)である。人に何かを頼もうとするとき、本当はしてほしいと思っているのに、「いま時間ないよね?」とか「無理だよね?」と聞いたりすることがある。それが「悲観視する」(3)である。考えてみれば不思議なことだが、相手が断れるように頼む側が逃げ道を用意するのがネガティブな配慮なのだと説明される。

後ろの方のストラテジーは、一見何のことかわかりにくいが、理論的な含意の点で興味深い。ストラテジー8の「フェイス侵害行為」とはこの場合、話し手が聞き手に何かするよう求めたりすることが、〟邪魔されずに自分のことを自分で決めたい〟と思っている相手の欲求を侵害することを指す。たとえば、何かの代金の前払いを求める際に、「初めにお支払いいただくことになっております」と言うならば、それは「払ってください」と指図する代わりに「一般則」として述べていることになる(8)。あるいは、読書に身が入らなくて落ち着かない子どもに注意するとき、「本は静かに読みなさい」とストレートに言って力で押さえつけるのではなく、「○△ちゃん、本は静かに読むんだよ」のように言うなら、抽象的に行為について述べるかのような表現となり「非個人化」されることになる(7)。道路の路肩に「駐車禁止」と書いてあったらお上の命令口調と思われるかもしれないが、「車止めるな」に比べたらはるかに間接的な表現であることがわかる。「名詞化」すると、行為者が行為することを直接表さなくてよくなるため、押しつけがましさを軽くすることができる(9)——逆に、そうした配慮が強制力を削ぐことになるため、交通関係の標識では「スピード落とせ」のような無配慮の命令形も目につく。

これら全体に通底する動機づけは、相手の領域を侵すことへの遠慮・躊躇である。相手に極力触れない、相手の領域を貴いものとして、触れたり邪魔したりすることを避け、そうせざるを得ないときは詫びる、というのが典型的なパターンとなる。日本語の、「ありがとう」も「ごめんなさい」も「すみません」一つでカバーできるというのは、まさしくこのことから説明できる。ちなみに、敬語はストラテジー5の「敬意を示す」の一部分ということになる。

これらの手段はすべて日本語にも例を見つけることができるが、敬語のような専用の手段を除くと、これらの表現形式は動機づけとの間に一対一の対応がない。言い換えれば、コミュニケーションの中でこうした表現形式が出てきたときに、自分を〈遠〉とマークするために用いられたのだと聞き手が了解するのは、原理的に表現の解釈過程を経た結果としてである。〈遠〉という待遇とそれによる複雑性の縮減は同じだとしても、用いられたという事実だけで自動的にそれが決まってしまう敬語とは、この点で大きく異なっている。

ブラウンとレヴィンソンが提示した、相手を〈近〉とマークする手段についても、次章以降の準備も兼ねてざっと見ておこう。「ポジティブ・ポライトネスのストラテジー」と呼ばれる。

【ポジティブ・ポライトネスのストラテジー】

ストラテジー1…相手(の関心・欲求・必要・所有物)に気づき、注意を向ける
ストラテジー2…(相手への興味・同意・共感を)誇張する
ストラテジー3…相手への関心をより強いものにする
ストラテジー4…内輪である標しを用いる
ストラテジー5…一致を求める
ストラテジー6…不一致を避ける
ストラテジー7…共通基盤を仮定する・喚起する・主張する
ストラテジー8…冗談を言う
ストラテジー9…相手の欲求についての知識と気遣いを主張しまた仮定する
ストラテジー10…申し出・約束をする
ストラテジー11…楽観視する

ストラテジー12…自分と相手の両者を行動に取り込む
ストラテジー13…理由を言う(また尋ねる)
ストラテジー14…相互的であると見なしまた主張する
ストラテジー15…(物・共感・理解・協力を)相手に贈与する

ネガティブ・ポライトネスの「曖昧化」「敬語」「謝罪」「間接化表現」等と対照的に、ポジティブ・ポライトネスは「共感」「同意」「共同性」「直接性表現」といった手段が含まれる。「あ、服買った?」のように相手の変化に気づいてやることは、それ自体が〈近〉のマーキングである(1)。人びとの会話でしばしば聞かれる言葉「でしょ?でしょ?」(5)や「(自分と違う考えに対して)そうとも言えるね」(6)、「~じゃないですか」(7)など、相手と自分が共有しているものの多さに訴えたり、「(プレゼントを渡しながら)この色、好きだよね?」(9)、「お互い様だし」(14)、等々、これらは相手の領域に積極的に触れることで〈近〉の効果を生む。ただし、聞き手がその効果において了解するのは、相手がこのようなことを言うのはなぜかを解釈した結果としてのことである。

〈遠〉における敬語に相当するものは〈近〉にもあるだろうか? 親しくというより「近きは賤しく」の例と言った方がいいが、「やがる」(へ上がる)のような卑罵語があり——卑罵語だから「ポライトネス」の表現ではないが――、たしかに、これが使われればそれだけで人間関係の捉え方がわかる。方言レベルまで広げて見れば、西日本、特に近畿地方の諸方言にある形式はその例と言える。京都の「(し)はる」や大阪の「(し)やる」など、標準語の「れる・られる」と同じ位置に入る助動詞で、「隣の子、よう笑わはるわ」のように意味は〝親しさ〟や〝自分との関わり〟の印となる――『「ハル」敬語考』の辻も「はる」はポジティブ・ポライトネスを表すとしている(辻二〇〇九、終章2)。これらのものは、使われれば人間関係がわかる。

これとの比較で考えればなおわかりやすいが、そうした形式によらない右のストラテジーであれば、伝達されるポライトネスを保証する言語形式は存在しない。敬語という専用の手段とポライトネスという結果としての伝達物との最大の違いはここにある。専用の表現手段がない言語では、外界の複雑さと相手の受け取り方は多かれ少なかれ「不確定(英 contingent・独 kontingent)」な――他のありようが存在する――まま表現される。ポライトネスの開かれた表現系は、手段の多さと形式=機能の対応における不確定さによって、複雑性の縮減が結果において得られるのみで、その度合いも相対的に小さい。その意味では、敬語などとは対照的にむしろ「複雑な」手段と見ることができる。英語はその典型で、ネガティブ・ポライトネスもポジティブ・ポライトネスも、表現手段は日本語よりはるかに開かれており、いつ・何を用いればよいといった明確な指針があるわけではない――加えて言えば、英語はT／Vを持っていたが止めてしまった。話し手は、つねに〝他のありよう〟が可能な中で手段を選択し表現することが求められる。敬語のような明示的な手段に慣れてしまった日本人が英語を不得手とする遠因の一つとも見える。

6 「安心」と「信頼」

日本語のような言語を仮に「敬語型」の言語、英語のような言語を同じく「ポライトネス型」の言語と呼ぶことにしよう。ここまで述べてきたことから、敬語型とポライトネス型の違いをシステム論的にこう要約できるだろう。対人関係専用の手段が発達している敬語型の言語では、人間関係の複雑性は敬語の体系によって大きく減じられ、安定的かつ明示的に表現される。また、特定の語の使用が特定の意味機能（〝誰々を上げる〟というような）と結びつく形で表現される。これに対し、専用の手段を持たないポライトネス型の言語では、表現される人間関係の不確定性が相対的に大きく、それも他の機能の語用論的転用（またはその慣習的定着）によって暗示的に行なわれる。

こうした性質の相違は、それを用いる人に対してどのような違いとなって現れてくるだろうか。敬語は、それ自体の意味機能は単純で明確なので、〝正しい〟使い方をしているかどうかが最大の問題となる。話し手が気を遣わなければならないのは規範であり、規範的な使用をしているかぎり話し手は何も心配する必要がない。それは正しさの安心である。ところが、本務が別にある形式の転用によって表されるポライトネスは、それ自体が〝含み〟として表現されるから、話し手の意図どおりに相手に伝わるかどうかはつねに不確定であることになる。そこで問題となるのは、相手との関係を〝読む〟こと、それをどのラインに読むかの選択と判断である。それはコミュニケーションのリスクとも言える。反面、もしそこで相手を信頼することができれば、ポライトネスにおける不確定性は、コミュニケーションにおける表現の可能性の広さともなる。それはまた、ポライトネスによるコミュニケーションの心地よさともなりうる可能性である。

　社会心理学の山岸俊男は、「信頼」について論じた書の中で、「安心（assurance）」と「信頼（trust）」を区別する必要を説いている（山岸一九九八、2）。それによれば、「安心」とは社会的な不確定性がない状態のことである。たとえば、電車に乗って通勤する人が、着きたい時間から逆算したぎりぎりの時間にいつも家を出るという場合、その人は（単に寝坊なのでなければ）鉄道を「安心」の相において捉えていることになろう――日本の鉄道はまさに「安心」が誇りで、だからこそ二〇〇五年の福知山線脱線事故の衝撃は大きかった。そこでは、不確定性のないことがその人の行為の前提となっている。一方、「信頼」とは、社会的な不確定性の存在を前提とした上で、相手の行為意図に疑いを持たずにいられる状態のことである。たとえば、何かの商売をしている人が、新規の取引を安い価格で提示してきた知らない業者より、少々価格が高くても何年来の付き合いがあるよく知った業者との取引を続ける場合、それはこの取引相手を「信頼」しているからである。新規の業者は最初だけ好条件を提示しているかもしれないが、長い付き合いの業者は目先よりも長期にわたるお互いの利益を考えるから理不尽なことはしないだろうという具合に、相手の行為意図を疑わないという判断を下しているからである。

この「安心」と「信頼」の区別は、敬語型とポライトネス型の性質の違いを言い表すのに適しているように思われる。敬語という手段は、ある人間関係について〝こう言っておけば大丈夫〟という形で不確定性を捨象する。不確定性のなさが人びとに「安心」を与えるのである。敬語において規範性が重要視されるのもこの必要からだろう。規範を理解していない人が用いる敬語は、安心できないばかりか、コミュニケーションの安心そのものを脅かしかねないものとして警戒の対象となる――「敬語の乱れ」がいつもやかましく言われるのはそのためである。一方、ポライトネス型の手段は「安心」を与えるものではない。むしろ、人間関係の不確定性を前提として、それを円滑にしたいと願う話し手の意図を表現するものであり、そこで前提となるのは相手も持っているはずの意図に対する「信頼」である。ポライトネスを上手く表現できない人物は、信頼していいかどうかわからない異文化や異教徒、あるいは洗練されない田舎者、等々ということになる。こうして、敬語型における「安心のコミュニケーション」と、ポライトネス型における「信頼のコミュニケーション」を対比することができる。

さて、長い寄り道をしてきたが、本章で確認してきたいくつかの事柄は、前の二つの章で見た〝日本語の百年〟を端的に語り直すための道具立てだった。明治以降、日本人が作り上げてきた日本語はどのような言葉だったのだろう？

まず、標準語は、普通の日本人が話す日本語の〝標準的対人距離〟を〈遠〉の方に大きくシフトさせた。そう言ってよければ、普通の会話に他人行儀な〝よそよそしさ〟を持ち込んだ。「あいさつ」はその象徴的な一要素となった。それは、長上に対する礼儀を家族内でも徹底するにとどまらず、上下のない友人などに対しても「親しき仲にも礼儀あり」の論理を持ち込んだ。こうして標準語は日常の言語生活を〈遠〉の色で塗りつぶした。

このことにはさらに意味があった。あいさつをはじめとする「型のコミュニケーション」は、つねに形式が実質をしのぐため、実際に何を言うかよりも〝言ったことになる〟点に重きがある。それは、相手の領域に触れないようにして言うという〈遠〉の言葉である。しかし、そのことが明確にされることはなく、あいさつなどは、都合次第で〈近〉の言葉として奨励されもした。

〈遠〉の色合いを最も明瞭に表すのは「敬語」である。敬語は強力に〈遠〉の人間関係を縮減してくれる。だから、敬語は〝使っておけば安心〟と思える便利な道具である。日本人は努めてそれに慣れようとしてきた。しかし、強力な道具には危険もある。縮減力が強いゆえに、敬語による人間関係の縮減はしばしば過剰となる。

このように見てくればはっきりするが、この過程で〈近〉が語られることはない。語られるのは禁止や抑制においてであって、いわく、「俺―お前」は良くなく、「僕―君」までで留めよ、といった言となる。〈近〉は放っておいても自然に収まるところに収まるという見通しがあったろうか。〈近〉に「安心のコミュニケーション」はあるだろうか？「信頼のコミュニケーション」だろうか？　標準語の内にはそのいずれも見ることができない。

日本語はそれで百年間やってきた。日本語は親しさを伝えられるか？　次章では〈近〉のコミュニケーションを考えるための材料を、明治以前と近隣言語に見てみることにしよう。

第四章　時空を旅してみれば

1　江戸庶民のコミュニケーション

『浮世風呂』のあいさつ

これが「日本語」だと今わたしたちが思っている「標準語」は、対人距離がずいぶん大きく〝丁寧過剰〟で、形式性がとても強く〝縮減過剰〟な言語だということがわかった。では、そうではない言語でコミュニケーションはどのように異なった様相を見せるだろうか。いろいろな例が考えられるが、ここでは、時間をさかのぼって明治以前の日本語を眺め、次には空間を移動して日本語ではない近隣言語の様子を覗いてみることにしたい。

ではまず、時間を少し巻き戻してみる。明治以前、たとえば江戸時代の庶民はどんな言葉でコミュニケーションをとっていたのだろう。幸いにしてわたしたちは、江戸時代に大衆向けに書かれた、話し言葉を多く含む書物を手にすることができる。第二章で触れたように、江戸後期の文化年間に式亭三馬によって書かれた滑稽本『浮世風呂』(一八〇九―一八一三)は、〝庶民の社交場〟銭湯を舞台に、老若男女の交わりを面白おかしく描き出した作品である。

ほとんど全編が会話で成り立っている上、登場人物も多様であるため――うれしいことに人物の属性について作者の細かい説明まで付いている――、当時の江戸の人びとがどのように言葉のやりとり（interaction）をしていたかを知ることのできる大変ありがたい資料といえる。

この『浮世風呂』から、人びとの出会いの場面を拾い出し、そこでどのような言葉のやりとりがなされているかを調べてみた。前編と四編が男湯、二編と三編が女湯と分かれている。銭湯なので男湯は男同士、女湯は女同士ということになり、男女の会話は基本的に得られないがそれは我慢しよう。

全部で30会話を拾うことができた（男湯14、女湯16）。うち二つは悪態のコミュニケーションのようなもので、それはそれで興味深いが除いた。出会いの場面だから、具体的に交わされる言葉はあいさつに相当するものだが、一つの会話に複数のあいさつが含まれるものもあるため、結局28会話で33例を抽出した。あいさつの言葉は対になるので、注目した発話の数は合計67あった。

場面設定の時間は朝・昼・午後だが、あいさつの中で言及されるトピックとしては「早い」ことが最も多かった――当然朝の場面に多いが、昼や午後でも使われていた。主なトピックは次のとおり。

【『浮世風呂』のあいさつにおける主なトピック】

「早い」こと	14
「暑い」「寒い」こと	8
来ていたことへの気づき	7
久しぶりであること	3
どうしていたかの問い	2
もう上がるかの問い	2
子供の年齢の問い	1
食事を済ませたかの問い	1

等

やりとりの具体例は後で見るが、「早い」ことの表現は「お早うございます」よりも「お早いナ」「お早うございますネ」のように、実質のメッセージと区別のつかないものが多い。「暑い／寒い」も同様である。相手が来ていたことへの気づきは「おまへ今お出《いで》たか」といった表現になる。1例だが、昼飯を済ませたかの問いもあった。

現代のわたしたちも、「すごい暑いね」などごく普通に言っているし、「あ、来てたんだ」

といった言い方も珍しくない。そうすると、ここまでの話は現代とあまり変わりなく、取り立てて述べることもないように思えることだろう——実際、『浮世風呂』を用いたあいさつの研究は見つからなかったが、このことが理由かもしれない。だが、拾った例を眺めていると、それらに明確な共通性のあることがわかるし、それが現代語とは見かけ以上に違うこともわかってくる。

現代では普通なのに『浮世風呂』には現れないパターンを挙げよう。

Ａ「お早う（ございます）。」
Ｂ「お早う（ございます）。」

このやりとりが１例も出てこない。何が問題かというと、「お早う」でも「お早うございます」でも、前に何も付いていない〝はだかの〟お早うの用例がないのである。では、どのようなパターンが普通で、そこから何がわかるかについて、具体的に例を見ながら考えることにしよう。

呼ばないあいさつはあいさつじゃない

最も典型的と思われた形のやりとりを二つ示す（便宜的に番号をふる、また出典末尾の数字は岩波新日本古典文学大系の頁である）。

①（商人体《あきんどてい》の男「点兵衛」と俳諧師と覚しき坊主「鬼角」）
点兵衛「これは〳〵鬼角《きかく》さまお早うござります」
鬼角「ヤ点兵衛子《てんべゑし》、どうなすつた」
（四編　巻之上　245）

②（十八九の芸者「おさみ」と料理屋の娘らしきもの「お鯛」）
おさみ「ヲヤお鯛《たい》さんお早うございますネ。夕《ゆふべ》は嘸《さぞ》おやかましう」
おたい「アイゆふべはおねむかつたらうネ。いつでもあの生酔《なまゑひ》さんは夜《よ》がふけるねへ」
（二編　巻之上　82）

①②どちらもトピックは「早い」ことである。あいさつのように二人の言葉が合わさって対になるものを会話分析で「隣接ペア」と呼ぶが、①と②の例は、隣接ペアの二つ目の発話、つまり初めの発話に対する応答の仕方に違いがある（そのことは後で考察する）。そういうわけで、①の隣接ペア全体と、②の前半まで共通する形の特徴があるのだが、気づかれた

ろうか？
それは、発話が、

感動詞等＋呼称＋トピック

という構成になっていることである（「トピック」は厳密には「トピックについてのメッセージ」だがここでは略記する）。まず頭に「これはこれは」「ヤ」「ヲヤ」といった感動詞がかなりの頻度で用いられ、応答詞「アイ」や「ハイ」もよく用いられていた――ペアの前半に感動詞等を含むものは33例中18例（55％）あった。次に来るのは呼称である。呼称の多さは顕著で、前半に呼称を含まないものは33例中わずかに3例（9％）しかなかった。この後に初めてトピックが置かれる。これと構成の完全に一致する発話が、ペア全体の67発話中26例（39％）あった。形を意識するために例を一つ加えておこう。剽軽者《ひょうきん》「とび八」の言葉の中に、二人の人物にそれぞれ向けた同じ形のあいさつが入っている。

③（大の剽軽者「とび八」）
とび八「ヤどうだむだ公《かう》、大分《でへぶ》早く来たの。イヤ甘次《あまんじ》さん、しばらくお目にぶらさがら

ねへの。コウ見ねへ如在《じよせへ》ねへ事をするぜ。」

（四編　巻之上　229）

この形だけでも全体の三分の一を超えるが、残りの大部分も感動詞を欠いた呼称＋トピックの形でカバーされてしまう。逆に、ペアの前半で感動詞も呼称もなくいきなりトピックが出てくる例は、33例中わずかに2例（6％）しかなかった。例を示しておく。

④（上方の商人風「けち兵衛」と番頭）
けち兵衛「けふもゑらい暑《あつさ》ぢやナ」
ばんとう「そんなに欲ばらずに昼寝《ひるね》でもなさればいゝ」
けち「あほういはんすな。こちら《拙者》は五十年の月日を百年に為《せん》ならん。」

（四編　巻之中　254）

〝あいさつ抜き〟のこの言葉の主は上方の「けち」な商人である。そこまで含めて作者の意匠と思いたくなる。

先に、①と②の隣接ペアの後半が異なると述べたが、そのことは会話のパターンで見ても興味深い。①は、点兵衛と鬼角の言葉がまったく同じ構造だが、②は、応答するお鯛の言葉が呼称を欠いていた。模式的に書けばこうなる。

　　　　隣接ペアの前半　　　　　　　　後半
①　感動詞等＋呼称＋トピック　↓　感動詞等＋呼称＋トピック
②　感動詞等＋呼称＋トピック　↓　応答詞＋トピック

後半部の違いは、感動詞等が応答詞に限られていることと、呼称を欠いていることである。それぞれ例を一つずつ加える。老婆同士のあいさつと、番頭が開店を待っていた客にあいさつする場面である。

⑤（六十近い老婆同士）［①と同型］
六十ちかきばあさま「ヲヤおばさんよく来なすつたの」
こちらのばあさまも同年ぐらゐの人「ホ、ヲ姉《あね》さん今《いま》来なすつたか」（三編　巻之下　199）

⑥（番頭と開店を待つ客たち）［②と同型］
ばんとう「どなたもお早うござります」

客「アイ　ごうてきに朝寝《あさね》だの」
ばんとう「アイゆうべ夜《よ》を更《ふか》しました」
（前編　巻之上　18）

①や⑤におけるペア前後半の平行性は、⑤のばあさま同士が同じ形の言葉をやりとりしていることに顕著である。②や⑥における前後半の非平行性は、②のお鯛の言葉もこの⑥の客らの言葉も、ペア前半でなされた相手の発話に対する実質的な返答であるという共通性が鍵と見える。返答ならば呼称はなくてもよい、そういう理屈なら十分理解できよう。

感動詞や呼称といった要素は、もちろん現代のわたしたちも頻繁に使っている。けれども、ここでの意味は少し違うだろう。人びとが交わしていたあいさつから抽出されたいわば形として、あいさつという行為を構成する要素だったということである。まずはこのことを確認しておこう。

定型のあいさつとは何か

先に〝はだかの〟お早うが用いられないと書いた。このことを少し詳しく検討してみたい。①や⑥の「お早うござります」は、一応この時代でも定型句として通用していたと考える――豊猫という芸者が口ずさむ流行歌に、「お客の嘘は引《ひか》して女房にしよ。女郎衆の嘘は惚ました。芸者の嘘は客とらぬ。幇間《たいこ》の嘘は酔ました。茶屋の嘘は遅うてもお早うござりますツ」というのがある。①ではそれに「これは〳〵鬼角さま」が、⑥では「どなたも」が付加されていた。また、②のように後ろに終助詞が付いたり、「ございました」と過去形にしたバリエーションが出てくる。

ここでは、そうした変異形は含めずに、とにかく「お早うございます（ござります）」がそのままの形で用いられたものを定型句と見なすことにする。同様に、「お出なさいまし（なさりまし）」という定型句もあった。この二つの定型句について現れ方を見ると次のようになった。

【あいさつ定型句の出現数】

「お早うございます（ござります）」	5
「お出なさいまし（なさりまし）」	2

「お早うございます」の5例は、うち3例が番頭か女将という店側の人物で、1例は何でも馬鹿丁寧に「お」を付けて言うため「おはいはいのお俳助」というあだ名を付けられた男、そしてもう1例は、商人が俳諧師の坊主に恭《うやうや》しく「これはこれは」とあいさつする①のケー

スだった。「お出なさいまし」は、一つは番頭、もう一つは子どものままごとの例だった。二つの定型句の例を挙げる。

⑦（三十四五の婦人「かみさま」と湯屋の女将）
かみさま「……ヤレ〳〵、内《うち》へ這入《はい》つたら温《あつた》になつたぞ、（トふりむき）おかみさん此間《このあいだ》は」
湯やのかみさま「ハイお早うございます。一両日はけしからぬお寒さでございます。」
（二編　巻之上　86）

⑧（坊主「鬼角」と番頭）
鬼角「番頭まだ暑いの」
ばんとう「ハイお出《いで》なさりまし」
（四編　巻之上　233）

これらからわかることは、こうした定型句のあいさつが多分に商業的な決まり文句であり、形式的で儀礼的な文脈が相応《ふさわ》しいあいさつ言葉だということである。全体から見れば例外的な位置にあるこうしたあいさつ言葉が、今わたしたちがあいさつだと思っている定型句の元々の姿だった――これですら応答詞は付いているけれど。

ここで見てきた事柄は気づかれにくいかもしれない。あいさつの核の部分だけに目が行っていると、それに付随する小さな語は注意をすり抜けてしまいがちだろう。しかし、こうしてはっきり見えてくることは、江戸の人びとにとって、あいさつとは、まず相手に気づくことであり、そして相手を呼ぶことであり、その後にようやく実質の言葉が来るという、それ自体がコミュニケーションの〝プロセス〟を含んだ行為だったということである。この点は見落としたくない。

感動詞や応答詞、呼称、そして終助詞、これらに共通する働きは何だろうか？　たとえば感動詞「ヲヤ」は、軽い驚きとともに相手が自分の直接的な認知空間に入ったという認識を表明する。応答詞も、相手の言葉を自分はたしかに受けた、つまり自分の言葉は相手とのやりとりの中にあるということの合図である。呼称は、前に確認したように、相手との距離感をこのように定めるという宣言である。そして、「ネ」や「サ」といった終助詞は、自分の言った言葉が〝誰に帰属するか〟を相手に知らせる働きをする。これらが共通して、言葉を〝わたし―あなた〟という直接的で具体的な人間関係の場に置き入れるための手段であることがわかるだろう。

このことと関連して、呼称なしの発話が用いられる条件は、補強の証拠になるかもしれない。あいさつのペア前半で呼称を含まない発話が3例のみだったことは述べたが、後半で呼

称を含まない発話も3例だった。その3例はすべて、

応答詞＋定型句

という形をとっていた。じつは⑦⑧に挙げた例がそれである。⑦⑧は前に見た②⑥と目上／目下の関係が異なっているが、結局いずれにおいても後半でのみ呼称が省かれる場合があることになる。その理由はおそらく「応答」だからということで、裏返しに言えば、相手の言葉に応える場合でなければ、相手を呼ばないあいさつはないという結論になる。

ひるがえって、明治以降の「標準語」の作法に目をやれば、「お早う（ございます）」に代表される定型句のあいさつが、じつは本来形式的で儀礼的な言葉だったことがわかる。だが、おそらくそれ以上に問題を孕《はら》んでいるのは、その言葉を〝わたし－あなた〟の会話の場に置き入れる錨《いかり》を下ろさないままに発してしまうことである。誰のものでもない丁重な言葉を抽象的に発し合う、と言ったらその収まりの悪さが感じられないだろうか。「風の又三郎」に「お早う」とあいさつされてまともに応えられなかった賢治の子どもたちを思い出そう（第一章）。どう返事していいかわからなかったのは、はだかの「お早う」が抽象的すぎたからでもあっただろう。

2　あいさつしない中国語？

中国人のあいさつイメージ

この章では、日本語でない言語にも少し目を向けてみたい。候補は無数にあることになるが、ここでは近隣の言語、具体的には中国語と韓国・朝鮮語を選びたい。それは、東アジアのこの地域が、もともと日本列島の人的構成に直接の影響関係を有していることに加え、その後も、中国に発する「儒教文化圏」として長いこと密接な文化的・人的交流を保ってきたからである。小異はあっても基層的な類似性が見えてもいいような関係と言える。中国語は日本語と言語学的な系統関係がまったくない言語の例となり、反対に、韓国・朝鮮語は、系統関係は証明されないものの、文法組織がほとんど同じほどに類似している言語の例となろう。

ではまず、中国語のコミュニケーションを、あいさつを例に考えてみよう。中国語のあいさつといえば〝你好〟があまりに有名だが、実際の使用範囲はどうやら日本語の「こんにちは」よりもかなり狭い。曲と林は、中国人と日本人のあいさつイメージについて、インタビュー調査を通じて比較検討した（曲・林二〇一〇）。質問「中国人の日常的なあいさつの特徴

について どう思いますか」に対する中国人（日本に短期滞在中で日本語は不得手）の回答から抜粋する（中国語による回答は曲らによる日本語訳）。

「表現のし方は多様である。「こんにちは」「おはよう」を言うのは少ない。だいたい知り合ったばかりの人に対して言う。よく知っている人同士の間では言わない。随意である。」

「初めて会った人の場合、握手するであろう。よく知っている人なら、名前を呼びかける。中国（語）の方はわりあい自然である。」

「内容は随意である。隣人が野菜を買ったのを見たら、「やあ、今日はご馳走でしょうね」など。」

表現は多様、内容は随意で、初対面なら握手をし親しければ名前を呼ぶ、と要約できるこれらの回答は、私たちのあいさつ観そのものが揺らぐほどの大きな差異を含んでいる。「やあ、今日はご馳走でしょうね」があいさつだとしたら、実質のコミュニケーションとの境界はどこにあるのか？と問いたくなるのが日本語的なあいさつ観なのだから。日本語と中国語のあいさつの違いについての質問でも、彼我の差ははっきりと意識されている。同じく抜粋する。

「例えば、中国人同士があったときひんぱんに「お早う」や「こんにちは」などが《（ママ）》言いません。一方で中国人同士があったとき、「食べたか」というあいさつが日本人にとってちょっと変だと思われています。」

「家庭内では、家族と「おはよう」などを言うことは、実に想像できないことですね。やはり、私にとっては、定型したあいさつは硬い感じがします。もし、生活事情に関するあいさつすると、なんとなく親しい気がします。」

「〝吃了吗〟は中国が《（ママ）》どこでも通じる挨拶みたい。日本語は「食事を《（ママ）》すみましたか」と訳しますと、変な気がします。ただの挨拶だから、「こんにちは」に訳したら十分と思います。」

「おはよう」「こんにちは」的な〝你好〟は抽象的に過ぎる、〝吃(饭)了吗?·(ご飯食べた?)〟のような「生活事情」に触れることが親しさの印なのである。そのような感覚からすれば、たしかに、家族内で「おはよう」を言うなど考えられないことになろう。彼らの見る日本語のあいさつは、丁寧だがよそよそしい。

「日本人の（あいさつ）の特徴は、定型表現で、規則が多すぎ、一本調子である。しかし、マナーの育成にいい面もある。」

「日本人のあいさつは、言語形式のことに気をつかう。」

内容よりも形式が大事で表現も定型的という特徴が捉えられている。滞日中国人の回答に「日本人は、あいさつをするためにあいさつをする」というものもあった。たしかに、所作となったあいさつは、容易に自己目的化する。

非定型なあいさつ

あいさつ行動の日中対照研究をしている施暉は、あいさつ場面で交わされる実際の言葉を調査し考察した（施二〇〇七）。調査は、家庭でのあいさつについて、起床／就寝、食事開始／終了、外出／帰宅等の場面を設定し、あいさつする／しない、するならどう言うかを、三二〇人ずつの社会人と大学生を対象に行なわれた。

曲らのインタビューからも窺えたように、中国では家庭内でのあいさつを日本ほどしないことが数字に表れた。日本はどの場面も80～90％台で推移するのに対して、中国は食事のあいさつが40%前後、起床/就寝も70%前後と低かった。しかし、最も対照的だったのはあいさつ言葉そのものの違いだった。

〔日本語では場面の如何に関わらず〕決まり文句的なあいさつ言葉が交わされ、その定型性が極めて高いことが分かる。言い換えれば、日本人のあいさつ言葉は、この場面にはこの言葉という極めて形式的なものであると言えよう。

これに対して、中国語では、バリエーションに富み、何十種というあいさつ言葉が回答に現れている。

現れた言葉の種類を場面別に数えると、日本語は3~15種類だったのに対して、中国語は32~73種類あったという。そのバリエーションの多さを、施はあいさつ言葉の内容に着目した類型化によって示している。全部で10の類型が立てられた。例とともに掲げる。

【内容で分類した中国語のあいさつ言葉】
完了型　〝我吃饱了〟(お腹が一杯になったよ)
確認型　〝你走了〟(出かけるのだね)

報告型　〝我回来了〟（帰ったよ）
命令型　〝早点睡〟（早く休みなさい）
希望型　〝早点回来呀〟（早く帰っていらっしゃい）
応答型　〝好的〟（うん、わかった）
いたわり型　〝路上当心　注意安全〟（道に気をつけて）
告別型　〝我走了〟（行くよ）
疑問型　〝睡得好吗〟（よく眠れましたか）
　　　　〝去哪里〟（どちらへ）
　　　　〝干什么去〟（何をしに行くの）
親族語彙型　〝叔叔〟（おじさん）
　　　　　〝妈妈〟（お母さん）

たしかに、これらのあいさつ言葉は多様である。けれども、それぞれの例を見ていて、どれも日本語でも言えるし、実際にあいさつ場面で使われている言い方だと思った人も多いだろう。では何が違うのだろうか。たとえば、食事の終わりに私たちも、「ああ、お腹いっぱい」としばしば口にする。帰宅して「帰ったよ」と言うことも珍しくない。隣人が出かけるところに出くわしたら、「どちらへ」と声をかけることは礼儀のようにさえ思われている。ならば日本語と変わらないのだろうか。

否、一つ違いがある。日本語では、これらの言葉をもちろん言ってよいが、それだけではあいさつにならないということだ。「ああ、お腹いっぱい」なら、続けて「ごちそうさま」が来なければあいさつとして認められない――そのまま席を立ったら「あいさつもせずに」と言われてしまうだろう。「帰ったよ」は「ただいま」に続けて言われることが多く、「どちらへ」と声をかけた人は「行ってらっしゃい」と続けてあいさつが完結する。つまり、日本語ではこれらの言葉は定型あいさつに随伴する（オプションの）メッセージである。一方、中国語ではそれ自体があいさつになる。この点に両者の異なりがある。

かように日本語は定型好きが顕著である。家族内で「おはよう」を言わないことは曲らのインタビューにも出ていたが、同様に、「家族に対して感謝、謝罪というあいさつ行為をしたら却って水臭く他人行儀となってしまう、親密な人間関係に水を差す恐れもあるため、しないのが一般的」と施も指摘する。筆者の指導した修士論文でも、日中の大学生それぞれ51人、50人の日常生活（8場面）でのあいさつ行動において、日本人はほぼ半数（48％）が「定型のみ」でのあいさつをすると答えたのに対して、中国人はほぼ半数（49％）が反対に「非定型のみ」でのあいさつをすると答えた（劉二〇〇九）。

これに関連して、定型と非定型ということの意味を考える手がかりになりそうな研究結果がある。これも筆者の指導した修士論文だが、いくつか設定した詫び場面において、日中両語で詫びの言葉がどのように用いられるかを、日中の大学生それぞれ57人、58人、社会人各39人を対象に質問紙で調査した(張二〇〇八)。言うまでもなく、日本語では「ごめん(なさい)」「すみません」「申し訳ありません」などの定型表現が決まりごとのように用いられる。中国語にも「ごめんなさい」「すみません」に相当するような〝対不起〟〝不好意思〟〝抱歉〟といった定型表現があるが、それらがどのように用いられ、どのように用いられないかが関心事だった。調査結果は、相手との親疎関係と上下関係の観点から考察された。定型表現の使用状況を比較した表を二つ掲げる。

日本の方は予想どおり、相手が誰であっても定型表現が同じように用いられる〝金太郎飴〟的な様相を示す——用いる語の種類が人間関係の種類と対応していたが。それに対し、中国語の数字、特に太字でマークした部分を見てほしい。人間関係によって劇的と言ってもよい対照が見られる。親疎関係で定型的な詫び表現が用いられるのは、未知の人および親しくない同級生までで、親友および家族(母親)に対してはほとんど用いられなかった。上下関係では、上位者への詫びには定型表現が必ず用いられるのに対し、下位者に対しては使用率が格段に落ちる。定型表現が少ない〝親〟または〝下〟のグループには、事情説明や補償の申し出等に加え、親密さの表現や冗談めいた楽観的見通しの表現が少なからず用いられた。この研究結果は、定型的な詫び表現が忌避的ないし敬避的な性格のもので、親密な関係には相応しくないことを明瞭に示しているだろう。

あいさつの話に戻る。先の類型で一つだけ、日本語では見られないものがあった。「親族語彙型」がそれで、〝叔叔〟(おじさん)や〝妈妈〟(お母さん)など、「親族語彙で呼びかけるだけで「あいさつ」となるといった独特な様相」を見せる。現代日本語の場合、人から呼ばれたなら、何か用があって〝呼び止めた〟のだろうという解釈が先に立つ。「先生こんにちは」のようなあいさつもなくはないが、子どものあいさつのような印象を与えかねない。少し離れたところにいる人などに対する注意喚起として〝呼びかける〟ことはあっても、互いに相手がいることを認識している人同士で相手を呼ぶことは〝呼びかけ〟とは解されにくい。「親族語彙型」の存在は、中国語はそうではないということを表している。つまり、中国語で相手を呼ぶことは〝呼びかけ〟として機能し、相手を正しく呼ぶことがそれだけであいさつとなる点は大変興味深い。先

親疎関係から見た定型表現の使用状況

相手	未知の人	同級生(疎)	親友	母親
日本	100%	98.3%	96.7%	96.7%
中国	100%	97.1%	**10.0%**	**1.7%**

上下関係から見た定型表現の使用状況

相手	上位者	下位者
日本	100%	100%
中国	100%	**17.5%**

に見た江戸の人びとのコミュニケーションに通じるところがあるだろう。相手に気づき、呼ぶこと、その点で共通している。

あいさつとしての呼びかけ

相手への呼称がそのままあいさつとなるこの現象を「叫人」発話と名付け、主題的に考察した研究がある(内藤二〇〇二)。これは「叫ぶ人」という意味ではなく、中国語で〝叫〟は、〝我叫○△〟(私は○△といいます)のように使われる動詞で、「いう・呼ぶ」を意味する。したがって、〝叫人〟発話は「人を呼ぶ」発話ということになる。

内藤は、次のように述べた上で、「〈「叫人(喊人)」という言葉で促され実行される行為〉がひとつの挨拶の形式であるということ」を示そうとする。

相手の名前または親族称謂や社会称謂などを呼びかけたり、特に用もないのに目の前にいる(もしくは目の前にやって来た)人の名前や親族称謂また社会称謂を呼んでそのまま通り過ぎたり、また言われた(呼ばれた)対象は返事を返したり返さなかったりし、それを動作の主体……もさして気に留めないという、日本人である我々の目には奇妙に映る行動(発話)である。

というわけで〝叫人〟は「人を呼ぶ＝人にあいさつする」ことを指す言葉でもあるが、会話の中でそのまま〝叫人〟あるいは〝叫○△〟と言って、「あいさつしなさい」「○△さんにあいさつしなさい」の意味で使われるという特徴がある。内藤は中国、台湾、香港のテレビドラマから収集した用例を挙げている。たとえば次のような使い方が一つの典型らしい。

恋人の娘（小君）を連れてスーパーで買い物をしている容向海に、偶然を装った劉清雲（容向海の恋人の姪の小姑）が〝這個一定是小君了〟（この子が小君ね）と言ったのを承けた場面。

容向海　〝來、小君、叫阿姨〟
娘（小君）〝阿姨〟
劉清雲　〝乖〟

「おいで、小君、おばさん（阿姨）にあいさつしなさい」「おばさん」「お利口さんね」という具合に言葉が交わされている。〝叫阿姨〟と言われてそのまま〝阿姨〟と呼べば、それがあいさつとなる。〝叫阿姨〟は「おばさんを呼びなさい（＝おばさんにあいさつしなさい）」という意味だが、交わされる言葉のやりとりとしては、「おばさんと呼びなさい」「おばさん」

ということで、〝叫○△〟は呼び方を指示していると見ることもできるだろう。そのように呼ぶことがすなわち、その人に対する相応しいあいさつなのである

もう一つ例を挙げる。四年ぶりに帰省した張大民の弟・大国が、家族に囲まれて食事をしていて、ふと甥に目を止めるシーンである。

大国〝叫叔叔〟

甥〝……〟

大国〝这孩子怎麽不叫我?〟

大民〝他谁都不叫〟

大国は甥に「叔父さん(叔叔)にあいさつしな」と言うが、甥は無言のまま。大国は「この子はなんで俺にあいさつしないんだ?」と言うと、兄は「あいつは誰にもあいさつしないんだ」と答える。ここでは、〝(不)叫我〟によって、私のことを呼ばないとはどういうことか?という言い方で、私にあいさつがないという不満を述べている。呼ぶことがあいさつだという意味合いが、より明瞭に表れている。

ところで、これらの場面に〝你好〟式のあいさつは現れない。つまりは、〝叫人〟式と

〝你好〟式は、いわばモードの異なる二つのあいさつ法として相補うような関係に見える。内藤は、家庭生活場面、社会生活場面、各七種の場面について、計三〇〇例の発話を人間関係の上向き／（対等／）下向きという観点からそれぞれの出現パターンを考察した。

結果は非常に興味深い。〝你好〟式は、社会生活場面における相手（ビジネス、非ビジネス共）でははっきりと優勢だったが、家庭生活場面では、初対面の対等または目下の相手で優勢だった（同様にただの知り合いでも比較的多かった）以外は、ほとんど現れなかった。他方、〝叫人〟式は、家庭生活場面の目上相手で広く見られ、家族、親族、義家族では圧倒的なほか、知り合いと初対面でも〝你好〟式を大きく上回っていた。また、友人、恋人の全般と、家族、親族等や同僚などの対等や目下相手では、〝你好〟も〝叫人〟もあまり現れなかった。

思い切った要約が許されるなら、こういうことになろうか。くらしの中で目上相手ならその人を呼べ、初対面ではまだ関係ができていないから形から入れ、仕事の関係ではあいさつの形を重視せよ、それ以外の親しい関係では、その場に応じていろいろなことを言えばよい。くらしの中での目上とは、自分にとって関係を大切にしなければならない人のことである。その人たちを呼ぶことは、自分にとって大切な関係を呼ぶことにほかならない。呼称があいさつになる理由がそこから見えてくるように思われる。（中国語のコミュニケーションについては、本シリーズの一冊、井上優『相席で黙っていられるか――日中言語行動比較論』に詳しい。）

3　お節介な韓国語？

話し相手との二種類の距離

もう一つの近隣言語として、韓国・朝鮮語との対照をしてみたい。先にも触れたが、この言語は文法組織が日本語ときわめてよく似ている上、語彙的にも漢語が七割に固有語（日本語の和語に相当）が三割と日本語の場合に近いため、日本語を単語にばらして一つずつ訳したものをつなげただけでも、かなり意味の通る文になるほどの近縁性がある。さらには、この言語には敬語の体系があり、日本語と基本的には同じ仕組みと言っていい。助詞にも敬語形があることや、話し相手（聞き手）の扱いに細かいなど、むしろ日本語より敬語にうるさいと見ることもできる。ここではその敬語を比べてみたい。なお、ここからの話はもっぱら韓国での用法に限られることになるので、以後韓国語と呼ぶことにする。（なお、この節の内容は滝浦二〇〇八と重なることをおことわりしておく。）

日本語敬語の三分類「尊敬語／謙譲語／丁寧語」と平行的な種類が韓国語にもある。名称はより合理的で、各々「主体尊敬／客体尊敬／対者待遇」などと呼ばれる。日本語との相違に目を向ければ、日本語敬語は「尊敬語／謙譲語」という〝話題の人物〟への敬語が発達したのに対し、韓国語では右にも書いたように、対面している〝話し相手〟を待遇する仕組みを発達させた。ここでは、その対者待遇法を中心に、韓国語が話し相手との距離感をどのように作る言語であるかを少し覗いてみたい。

対者待遇は、日本語なら丁寧体か普通体の選択になるところなので、次のような一系列三ランクのシンプルな体系を考えればよい。

ございます体　（最敬体）　より丁重
です・ます体　丁寧体　↕
だ・である体　普通体　より簡略

これに対し、韓国語（現代韓国標準語）では、歴史的経緯の点でも機能の点でも、二系列六ランクの体系を考える必要がある（梅田一九九一、李他二〇〇四）。

格式形　　　非格式形

上称（합니다体）［ハムニダ体］　略待丁寧形（해요体）［ヘヨ体］　→より丁重

中称（하오体）［ハオ体］

等称（하네体）［ハネ体］

下称（한다体）［ハンダ体］　　略待普通形（해体）［へ体］

より簡略

「〜体」と名称が付いているが、どれも「する」という意味の動詞の各待遇形なので、直訳すれば、ハムニダ体は「いたします体」、ヘヨ体は「します体」、ハンダ体は「する体」、へ体は「して体」ということになる（ハオ体とハネ体は微妙すぎてうまく訳せない）。現在の日常会話でよく用いられるのはこの（ハオ体とハネ体を除いた）四つと言われるが、日本語から見て興味深いのは、韓国語の話者が、ハムニダ体 対 ハンダ体、ヘヨ体 対 へ体 という縦の対立を意識するだけでなく、ハムニダ体 対 ヘヨ体、ハンダ体 対 へ体 といういわば横の対立——待遇のレベルは近いが他の何かが違うという対立——をも意識しながらそれらの形式を使い分けている事実である。

上の系列と下の系列にそれぞれ「格式形」「非格式形」とのラベルが付いているが、格式形は伝統的な待遇形式で、年齢の上下のような位階秩序に忠実に選択されるものだった。非格式形は歴史も新しく、堅苦しい位階秩序にあまり囚われない社交的距離感の中での丁寧さの有無を表すという。丁重〜簡略の尺度は、これまでの章で見てきたように距離の大小で置き換えることができるから、それも加味して言えば、韓国語の対者待遇法では、対面する相手を質の異なる二種類の距離によって区別することになる。日本語の場合、距離の尺度はあくまで一種類であり、その中での程度の差が表現されるわけだが、距離の尺度自体が二つあることで、表現の幅が変わってくるはずである。

気遣いの踏み込み

では、実際の文例でこのことを検討してみよう。（文例は、任・井出二〇〇四から借用したものに少し手を入れた。自然さについては、二〇一〇年に韓国外語大で話をした際にご指導いただいた。）

まずは、ヘヨ体のあいさつとハムニダ体のあいさつが同一の発話シークエンスに現れる例である。

①（昼食時に食堂でたまたま会った先生に男子学生が声をかける）

〝선생님《ソンセンニム》 많이《マニ》 드세요《ドゥセヨ》. 먼저《モンジョ》 실례《シルレ》 하겠습니다《ハゲッスムニダ》.〟

「先生、たくさん召し上がってください。お先に失礼いたします。」

第一文末尾の드세요は非格式形のヘヨ体であるのに対し、第二文末尾の하겠습니다はハムニダ体になっている。これは、前者が「たくさん召し上がってください」と社交的距離感の中で相手を気遣うあいさつであるのに対し――べつに学生が先生にご馳走しているわけではない――、後者は学生対先生の位階的秩序を反映したあいさつとして格式形が選ばれている。次は、ヘ体の距離感が不適切になる一方、ある特有のイントネーションで言われたハンダ体なら不適切にならないという不思議な例である（ネイティブ・スピーカーはこの面白さにしばしば気づいていない）。

②（料理屋で客が店員に料理がおいしいことを言う）

a 〝이거《イゴ》 너무《ノム》 맛있어요《マシッソヨ》.〟

「これ、すごくおいしいです。」（普通の言い方）

b ??〝이거《イゴ》 너무《ノム》 맛있어《マシッソ》.〟

「これ、すごくおいしい。」（?? この文脈では不適切）

c 〝이거《イゴ》 너무《ノム》 맛있다《マシッタ》.〟

「これ、すごくおいしい。」(可　文末を波打つようなイントネーションで発音)

料理屋における客と店の関係は、(恭《うやうや》しい高級店でなければ)位階的距離感ではなく社交的距離感のものとなる。それゆえ、非格式形の丁寧形ヘヨ体(a)が自然である。同じ非格式形でも丁寧形ではないヘ体(b)を用いると、〝親しさ〟ではなく相手を下に見た〝不遜・馴れ馴れしい〟響きとなり、とてもよくないのだという。では、同じく下向きに見えるハンダ体(c)は(特有のイントネーションを伴うとはいえ)なぜ許容されるのだろうか。

それは、この待遇形が〝下向き〟というよりも〝無待遇〟を表すからだと考えると説明がつく。たとえば日記や論説文のような、受け手が想定されなかったり特定の誰かに向けて発せられるのでないときに用いられるこの形は、待遇において中立的と見ることができる。そのため、料理屋の文脈でも、〝独話的〟な自己表出として受け取られ許容される——日本語の最も近い表現は「これ、すごくおいしいな」だろうか。これに対し、ヘ体は無待遇なのではなく丁重に扱わないという待遇をしてしまうがゆえに、不当な踏み込み(〝近くは賤《いや》しき〟と見なされ、よくない客になってしまう。

このように韓国語では、二種類の距離に関して遠近の定位が行なわれている。そしてそれは、単に微細なだけでなく、距離の種類に応じた発話内容との連動性という点でも大変興味

深い。任・井出が指摘するように、ヘヨ体でよく使われるあいさつがあって、～세요《セヨ》という形が共通している。その意味は、「～してください(～なさいませ)」という、いわば相手に指図する言い方なのである(任・井出二〇〇四)。日本でも有名な韓国語の「こんにちは」をヘヨ体で言うと안녕하세요《アンニョンハセヨ》で同類だとわかるが、直訳すれば「安寧にしてください(なさいませ)」という意味である。日本語の「今日は……」のような言いさし形のあいさつとはずいぶん対照的といえる。任らの挙げる例を見ても、ほかに수고하세요《スゴハセヨ》「お疲れ様です・お世話様です(苦労してください)」や、新年のあいさつ새해복《セヘボク》많이《マニ》받으세요《パドゥセヨ》「あけましておめでとうございます(新しい福をたくさん受けてください)」など、ずいぶん多いことがわかる。

具体的なやりとりもこの「～してください」の交換のようになることがある。値引き交渉が可能な洋服店や、安価な食堂あるいは屋台などであれば、次のようなあいさつが交わされるという。

③(洋服の店で買い物が終わって)

女性客　〝많이《マニ》 파세요《パセヨ》.〟「たくさん売ってください。」

店員　〝예쁘게《イェップゲ》 입으세요《イブセヨ》.〟「きれいに着てください。」

④（飲食店で食事を終えて）

客　〝잘《チャル》 먹었어요《モゴッソヨ》.〟「ごちそうさま（よく食べました）」

〝많이《マニ》 파세요《パセヨ》.〟「たくさん売ってください」

店の人　〝안녕히《アンニョンヒ》 가세요《ガセヨ》.〟「さようなら（安寧に行ってください）」

〝또《ト》 오세요《オセヨ》.〟「また来てください」

お互いに指図し合っているような格好で、日本語的な感覚からすれば〝お節介〟にもなりかねないが、これは〝気遣いの踏み込み〟とでも呼ぶべき特徴で、最初の例①にあった、ご馳走しているわけでもないのに「たくさん食べてください」と言う奇妙さも、そう解釈すれば解消するだろう。

何人かの母語話者に尋ねてみたが、この「たくさん食べてください」や「たくさん売ってください」「きれいに着てください」あたりの踏み込みの大きい言い方は、ヘヨ体では言えるがハムニダ体で自然に言えるような場面は見つけにくいという答えが返ってくる。位階秩序のわきまえを表すハムニダ体は相対的に敬避性が強くネガティブ・ポライトネスへの傾きが大きいのに対し、社交的な関わり合いを指向するヘヨ体は、丁寧さを保ちながらも交感的な性格が強くポジティブ・ポライトネス的に機能することの表れと見ることができるだろう。

領域侵犯の回避の仕方

韓国語の「してください」式のあいさつが日本語的感覚ではお節介のように響くと書いたが、ひっくり返して言えば、日本語にはそのように相手の領域に踏み込まないという制約があることになる――それを「ポライトネス・コード」と呼ぶことにしよう。このことを最初に指摘したのは鈴木睦である。鈴木は「丁寧体／普通体」の使い分けが、同時に言及内容の相違を伴っていることに着目した（鈴木一九九七）。

丁寧体が用いられる発話では、次のような文があまり適切でない。面白いことに、形式の丁寧度を上げるほどおかしくなる。

⑤ a ?先生、コーヒーお飲みになりたいですか？
　b ??先生、コーヒーお飲みになりたくていらっしゃいますか？

⑥ a ?先生、うれしいですか？
　b ??先生、うれしくていらっしゃいますか？

原因は、これらの文が聞き手の欲求・願望に言及したり（⑤）、聞き手の感情に言及している

⑥からである。ポライトネス理論的に説明すれば、敬避的な聞き手敬語である丁寧体を用いながら聞き手の私秘性の強い領域に言及することは、いわば内容における〝領域侵犯〟となって聞き手のネガティブ・フェイスを侵害するからだということになる。このポライトネス・コードに抵触しないよう、ネガティブ・ポライトネスとして内容についても領域回避のストラテジーがとられる。たしかに私たちは⑤の代わりに次のような言い方をしている。

⑦ a 先生、コーヒー召し上がりますか？　［聞き手の行動］
　 b 先生、コーヒーいかがですか？　［聞き手の判断］
　 c 先生、コーヒーお持ちしましょうか？　［話し手の行動］
　 d 先生、コーヒーが入りました。　［中立的な事柄］

一方、〝ダメ語〟的な普通体の使用においては、基本的にポライトネス・コードはなく、聞き手の欲求や感情に触れてかまわない。

⑧ これ、ほしがってたでしょ？　はい、あげる。　［聞き手の欲求］
⑨ ねえ、まだ怒ってる？　［聞き手の感情］

ポライトネス的に解釈すれば、交感的で距離の小さな人間関係では、相手との共有の多さを強調することが歓迎され、それを表現することで〝共感のポライトネス〟としてのポジティブ・ポライトネスが伝達される。

鈴木はこれらの現象を、丁寧体と普通体という話体に付随して生じるものと捉えた。しかし、あらためて考えてみると、丁寧体を使っていても、聞き手が目下である場合には、その私的領域への踏み込みが許容される。

⑩（教師→学生）　ゼミで発表したいですか？　［聞き手の欲求］

⑪（上司→部下）　パワーポイント使えますか？　［聞き手の能力］

つまり、ここにあるのは、言語形式と言及内容の単純なリンクではなく、上向き発話かそうでないかというふうに統合されるだろう。

以上をまとめると、日本語のポライトネス・コードについて、次の点を確認することができる。

【日本語のポライトネス・コード】
・上向き発話では、〝敬避のポライトネス・コード〟が存在し、聞き手の私的領域の侵犯が抑制、回避される。
・そのため、目上の聞き手のポジティブ・フェイスに対する〝共感のポライトネス〟は抑制される。
・下向きか横向き（対等）発話では、ポライトネス・コードは基本的に存在しない。
・そのため、下向き発話では、言及領域に関する制約を外すことで、形式上の丁寧さを保ちながら相手の領域に踏み込むことが許容される（そのことによって上位性が確認される）。

これと対比的に、韓国語はどう整理できるだろうか。

【韓国語のポライトネス・コード】
・日本語より〝気遣いの踏み込み〟の許容度が高く、ポライトネス・コードは相対的に弱い。
・格式形と非格式形の表す距離の質的な差異が、ポライトネスのコミュニケーションにも活用されており、全体の中では敬避的な待遇法でも、ハムニダ体(格式形)は相対的に敬避的でヘヨ体(非格式形)は相対的に交感的である。

・特にヘヨ体では〝気遣いの踏み込み〟による〝共感のポライトネス〟が好んで表現される。

二つの言語を比べてわかることは、日本語は上向き発話で敬避性が強いため、親しさを表現することが容易でないということである。これが現代において人びとにどう感じられているか、人びとの言葉はどちらの方向に動いているか。この章で浮かび上がってきた事柄を参照しながら、最後に考えてみたい。

第五章　日本語は親しさを伝えられるか

1　五〇年後の五〇年

第一期国語審議会「これからの敬語」

「安心」のシステムが最適なのは「安心」の社会である。身分社会はその典型的な一例だろう。社会自体が何らかの外挿的な基準によって大きく不確定性を減じられているときには、言語というメディアもそれをどこかに反映する——社会の側がまさにその基準を必要としているのだから。日本の場合、身分制や家父長制（あるいはそれらの影響）が残存している間は、社会の側の大きな縮減メカニズムに沿う形で、敬語も「安心」の補完メディアとして機能してきた。

しかし、敗戦を機に身分制と家父長制が制度的に廃止されてから半世紀が経つ間に、人間関係における比重も、上下（タテ）から親疎（ヨコ）へと移行し始めた。そのとき、敬語による人間関係の縮減は、今度は不自由感の原因となる。人間関係そのものが固定的な上下の関係から流動性の大きい親疎の関係に移行したとき、敬語による人間関係のパターン化が認知的負荷の軽減を通り越して過剰な単純化となってしまうことは、第三章で見たとおりである。たとえば、たまたま目上である人物と親しさのコミュニケーションをとりたいと思ったとしても、敬語の距離感はそれを妨げる。親しさを表現するには距離を縮めることが必要なのに、敬語の機能はあくまで距離を置くことなのである——ときに「親愛の敬語」が語られるがそれは錯覚にすぎない（滝浦二〇〇九、四）。前章で見たように、日本語は韓国語で盛んに表現されるような〝気遣いの踏み込み〟を育まなかった。

さて、標準語の百年のうちに、その距離感を変えられる公的な機会は二度あった。一度目は敗戦に伴うさまざまな変革の一環としての国語政策である。なかでも、明治の「国語調査委員会」からちょうど五〇年目の年に出された、第一期国語審議会（土岐善麿会長）の文部大臣宛建議「これからの敬語」（一九五二）は、戦後日本におけるコミュニケーションの基本的な指針となった。民主主義の時代に沿って言葉も変わらなければならないと説いたこの答申は、日本語にも「戦後」の新しい風を吹き込んだかに見える。「基本の方針」ではこのように宣言される。

基本の方針

1　これまでの敬語は、旧時代に発達したままで、必要以上に煩雑な点があった。これからの敬語は、その行きすぎをいましめ、誤用を正し、できるだけ平明・簡素にありたいものである。

2　これまでの敬語は、主として上下関係に立って発達してきたが、これからの敬語は、各人の基本的人格を尊重する相互尊敬の上に立たなければならない。

続く各論において、呼称は「わたし―あなた」を標準の形とし、対話は「です・ます」を基調とするとされた。はたして新しい日本語の口語が誕生しただろうか?

その名も『国語審議会』という著書において安田敏朗が詳細な検討と批判を加えているが（安田二〇〇七、7）、じつは建議の「まえがき」にはこう書かれていた。

元来、敬語の問題は単なることばの上だけの問題でなく、実生活における作法と一体をなすものであるから、これからの敬語は、これからの新しい時代の生活に即した新しい作法の成長とともに、平明・簡素な新しい敬語法として健全な発達をとげることを望むしだいである。

「できるだけ平明・簡素に」と言ったところで、じつはそれは新しい時代の「新しい作法」

だった。敬語は変わらず作法のままだったのである。ではその作法は誰の作法だったろう？

敬語部会長として終始議論を主導したのは金田一京助だった。〝敬語＝女性語起源説〟を諸所で唱え「世界一美しい言葉」と日本語の女性語を礼賛してやまなかった金田一は、敬語温存を既定路線としつつ「女性語」的な敬語を「これからの敬語」に据えようとした。安田も引用する金田一「「わたし」「あなた」の民主主義」（エッセイ「これからの敬語」）の一節ではこう述べられる。


主人公が「おれ」「おまえ」、妻君が「わたし」「あなた」これでは、少くとも、男女同権にはならない。尤も上流などでは、夫妻たがいに「わたし」「あなた」で差別ないところもある。これからの代名詞は、この方向へ行くのがよいのではあるまいか。

夫妻の間ばかりでなく、職場でも、また上官と下僚との間でも、公務員と民間人との間でも、一様に、たがいに「わたし」「あなた」でもつて、ちようど英語の“I”“you”のように行つたら、民主主義の代名詞がはつきり成立するのではあるまいか。

（金田一　一九五五）

女性基準の「わたし―あなた」を日本語標準にすれば、「わたし―あなた」が英語の'I-you'と同じようになって「民主主義の代名詞」になるという見通しが描かれている。

金田一はどこまで本気だったろうか。日本語と英語の呼称が異なる最大の点は、上下の関係があるときに呼称詞を相互的に使えるか否かにある(第三章)。英語の'I-you'のようにというのは、子どもが父や母を「あなた」と呼び、父や母も子どもを「あなた」と呼ぶようなことだ。続く「商売と敬語」(同)の一節では、新しい時代には、人は「上も下もない平等な身分になり、ただお互いがお互いの人格を尊敬し合うところの敬語」を使うべきであるとの総括に続いて、

相手が自分の主君でもあるように、また自分が相手の奴僕でもあるように、「君」「僕」など言い出した漢語ばやりの明治時代の代名詞などは、今から思えばばかげたものである。

とまで言いながら、そのすぐ先では、

ただし日本には《ママ》、目上の人を「あなた」「あなた」と言っては失礼になる

から「先生」を「あなた」と呼ぶことはしないと述べられている。上も下もない「民主主義の代名詞」はわずか数行の命だった。

タテの敬語をヨコにするような素振りをしながら、「民主主義」のイメージの中で敬語の衣装を着せ替えたのが「これからの敬語」だった。安田は、

> 民主主義にあわせて敬語論が変わったのではなく、敬語論を変化させないために、民主主義が利用されたのではないか。（安田二〇〇七、7）

と批判する。「これからの敬語」は、現実にはコミュニケーションの規範を作り、学校教育などを通じて世に流布することになったとはいえ、規範を作る当事者意識が十分にあったようには見えない。明治の初めに福沢諭吉は、君臣の交わりも長幼の交わりも男女の交わりも同じ「人間交際」だと説いたが（『文明論之概略』）、それから七七年経った「これからの敬語」の「平等」にそうした理念はなかった。

最終期国語審議会「現代社会における敬意表現」

標準語の距離感を変える二度目の機会は、「これからの敬語」からほぼ五〇年が経過した二〇〇〇年の最終期国語審議会にあった。文部大臣から諮問された「新しい時代に応じた国語施策の在り方について」への答申「現代社会における敬意表現」がそれで、冒頭に「現代社会の言葉遣いの在り方を考える上で重要な概念として[敬意表現]を提唱する」と述べられるように、異例とも言える新しい「概念」を提唱する答申だった。

その「敬意表現」はこのように定義される。

敬意表現とは、コミュニケーションにおいて、相互尊重の精神に基づき、相手や場面に配慮して使い分けている言葉遣いを意味する。それらは話し手が相手の人格や立場を尊重し、敬語や敬語以外の様々な表現から適切なものを自己表現として選択するものである。

主査の井出祥子は「ポライトネス」を日本に紹介した最初の一人であり、同時に当初から、「ポライトネス」では敬語の社会的規範のような側面を拾いきれないと批判してきた人物である(井出二〇〇六)。ところがこの「敬意表現」は、「相互尊重」を「自他のフェイスの尊重」

に、「自己表現として選択」を「ストラテジーとして選択」のように置き換えて読めば、第三章で紹介した「ポライトネス」の概念と実質的にほとんど変わりがないことがわかる（井出は独自の概念だと主張する）。事柄の軽重と人間関係の親疎や上下を考えながら「敬語や敬語以外の様々な表現から」選び出して表現・伝達されるのがポライトネスだとしたら、この答申は「敬語からポライトネスへ」とコミュニケーションの基本的な構えを転換するよう求めたものとして読むことできる。

実際、「敬意表現の働き」として挙げられる例は、「立場や役割」「関係が親しいか」「相手の気持ちや状況に応じて」「自分らしさ」といったように、日常生活のさまざまな場面におけるポライトネスのコミュニケーションを解説したような具合である。「ちょっといい？」や「忙しいときに悪いけど」など前置きによる配慮が例に挙がったり、あいさつなど定型表現の重要性を認めつつも「定型的な言い回しをいつも繰り返すだけでは不適切な場合もある」と定型からの脱却に言及したりと、目指そうとしたところが時に垣間見えもする。

だが問題は、この「敬意表現」が「……配慮して使い分けている言葉遣い」である点にある。現に人びとが使い分けているのなら何も不足はないはずで、人が普通にしていることについて、そうなっていると答申されても、受け取る側は戸惑うばかりだろう。答申という言葉から連想される何かについての「指針」が読み取れないのである。実際、「これからの敬

語」と「敬意表現」との間には半世紀もの間隔があったにもかかわらず、次に設置された

「文化審議会」によってまもなく「敬語の指針」(二〇〇七)が出され、「敬意表現」は影が薄くなってしまった。

「敬意表現」の答申は規範と実態の区別がついていない。おそらく、主査の井出が言いたかったのは、そうした実態を見ながら、それを規範化してゆくような道はないものか?ということではなかったか。そしてもう一つ、「敬意表現」には丁寧さと親しさが〝等分に〟含まれていることを明確に言うべきだった――まさにそれが「ポライトネス」の眼目であり、それがないと先の議論ができない。親しさの言語技術を体系化するべきだなどと答申して失笑を買うことを恐れたかもしれないが、敬語だけでは人間関係が作れないという主張として十分成り立つ議論のはずだった――仲良しの女児同士でコミュニケーションのもつれからカッターナイフで首を切って殺害するという痛ましい事件が起こったのは四年後のことである(二〇〇四年佐世保の事件)。

もっとも、急いで付け加えれば、そのような規範を作れと本書は主張しない。本書は、まず自分の言語を知ろう、自分の話している言葉がどのような傾きを持ったものかを知ることに意味があるだろうと言いたい。標準語とその敬語やあいさつといった作法的な言葉遣いは、西洋語(の上流階級の言葉)を横目で見ながら人為的に整えられた規範であり、そうした標準

語は〝よそいき〟の言葉で、親しさを伝えるのが不得手な言語だということを知ろうと言いたい。その上で、本書の言葉でいえば、丁重さから親しさへ、コミュニケーションの「安心」から「信頼」へ、目を向けていこうと言いたい。その過程で、親しさは方言で伝え合うことにしようと考える人がいてもいいし、上手に友だちを作るなんて高度な技術だから学校で教えたほうがいい、と考える人がいてもいいと考える。

2　日本語のいまと親しさの言葉

「いらっしゃいませ、こんにちは〜！」

近代日本語が目を向けてこなかった親しさの表現に目を向けよう――ここで言う親しさは〝親密〟よりは〝共感〟がキーワードである。新情報提示の〝地ならし〟表現としての「〜じゃないですか。（だから……）」については、これまで何度か述べたので繰り返さない（たとえば滝浦二〇〇五、Ⅱ4）が、これは旧来の用法を転換させることで人びとが生み出した〝共感の先取り〟表現――共感をあらかじめ取りつけておいて自分の話をしやすくするストラテジックな表現――である。共感に訴える点で典型的なポジティブ・ポライトネスの表現と言えるが、当初（一九九〇年ごろ）聞き手の側で少なからぬ人が不快感を示したことにも表れているように、これは「安心のコミュニケーション」の道具ではない。

もっとも、その違和感の原因は、標準語における受け皿不足とも関係しているように見える。そこに乗せられる情報が聞き手にとって既知の情報か未知の情報か（さらに同意しやすいか否か）という点に関わっており、そこの曖昧さがなければ違和感も減じるだろう。この点について参考になるのは関西（大阪）方言で、標準語の「～じゃないか」に当たる「～やんか」の用法を見ると、「やんか」にはじつは「～やんか」と「～（ね）んやんか」の区別があって、前者は相手にも既知である情報について、後者は相手には未知である情報について使うという明確な原則がある。だから、

「うち、長女やんか。」

といきなり言ったら「そんなん、知らん」と返される可能性大だが、

「うち、長女やねんやんか。」

と言えば「わたし、長女なんだけどね」という標準語に対応するので、「うん、ほんで？」

と聞いてもらえる。標準語にはこの区別がなく、相手が知っていようがいまいが区別なく「じゃないですか」であるため、受け手が構えを決められない。

あいさつにも近年話題の〝新種〟が出てきている。それは、コンビニや飲食系のチェーン店から広まりつつある、

「いらっしゃいませ、こんにちは〜！」

といういわば複合形のあいさつ言葉である。インターネットで検索をかけると、これに対する違和感を述べた記事が目につくが、このあいさつが下火になっている印象はない。無機的にただ連呼されてもげんなりするという感想はもっともだが、その場合は言葉自体の問題ではないのでここでは措く。違和感の原因は基本的に、この二つのあいさつ言葉は本来並列できないはずだという点に行き着くだろう。

たしかに、「いらっしゃいませ」も「こんにちは」も定型のあいさつ言葉であり、第三章で見たような、相手を〝近づけつつ遠ざける〟働きをする。しかしこの二者間には相対的な距離の差があり、基本的に「いらっしゃいませ」は知らない人の距離感、「こんにちは」は知り合いの距離感が前提となる。それゆえ商売のあいさつとしては前者が基本となるわけだ

が、転じてこのことは客との距離を縮めない要因として働いてしまう。客は知らない人のままだから、店側が客に対してフレンドリーでありたいとの思いを表したいときには悩ましい。かといって、いきなり「こんにちは」では、馴れ馴れしいとの悪印象が心配になる。

そこで編み出されたのが、この両方を言うというストラテジーである。意図どおりの効果を発揮すれば、相対的に丁重な距離感で迎えた客を相対的に親しげな距離感の中に引き入れることになって、客も親しみを増してくれるかもしれない。右のような違和感のコメントがある一方、実際に「こんにちは」とあいさつを返している人を見ることもあって、今後を占うことは難しいが、このような現象の背景に、あいさつの「安心」への物足りなさの感覚があるだろうことは興味深い。

ほめ返しのモーメント

さて、標準語が親しさを伝えられない最大の原因は、上下関係の非対称性にあった。「これからの敬語」の金田一が見て見ぬふりをしたのは呼称の問題だったが、もっと広くコミュニケーション全般における上下の非対称性として、たとえば〈ほめ〉に関するふるまいを挙げることができる（滝浦二〇〇八a、5）。かつての日本では〝目上をほめてはいけない〟という文化的規範があった。ほめは相手の行為や判断や趣味などが自分の価値観と合致することの表明だが、相手と自分がそれを共有していることを明示することで、相手と自分の対等性を含意し自分が尊大化する潜在的要因を持っている。これを上位者のフェイスに対する侵害と捉えれば、上位者をほめることはできなくなる――「お上手ですね」ではなく「ありがとうございました」と言うしかない。

現在の日本では、この規範はもはやその地位から滑り落ちている。「目上をほめてはいけない」と言われたことがある人?と大学の教室で尋ねると、数年前はまだ多少手が上がったのが、今ではほとんどいない印象である。数年前にＮＨＫ「きょうの料理」の視聴者参加企画で、「麻婆豆腐がお上手な陳健一さんに教わりたいと思って応募しました」と躊躇なく話した視聴者を見たことがあるが、上位者をほめることに抵抗のない人が増えているのは確実だろう。このことは、上下の非対称性が弱まっていることを示しているように思われる。

同じく〈ほめ〉に関わる例だが、相手からほめられたときの反応も面白い。相手のほめに同意すると、右の話と同様に自分が尊大化してしまう可能性があるが、かといって相手のほめを否定すると、せっかくほめてくれた相手のフェイス（ポジティブ・フェイス）を潰しかねない。だから上下のある関係でのほめへの応答は微妙な問題を含む。たとえば、「いつもお洒落だね」とほめられたときにどんな反応をするかは、相手との人間関係（とりわけ上下の関係)によって大きく左右される。大学生に予備的なアンケートをしてみると、上位者からのほめに対しては、自分は服装に自信がない、ただの安物だといった消極的な反応が多くなるが、一定数必ず見られるのが、「ありがとうございます。でも、店長こそいつもお洒落ですよ」のようなストラテジックな〝ほめ返し〟である。これなども、上下の非対称性が変化しつつあることの表れと見ることができるだろう。上下双方が互いにほめ合うことになるわけだから、下からのほめ返しには上下を乗り越える力があると言ってもいいかもしれない。

3 「安心」から「信頼」へ

信頼が必要とされない安心

このように、〝親しさのコミュニケーション〟すなわち〝失礼でなく触れる〟ことをいかにして支えていけるかが、日本語の現在の課題になっていると考える。そして、右で見た現在的な現象はどれも、「安心」の相における表れではない。

遠と近、安心と信頼、この二つの対は互いにどう関係するだろうか。遠=安心、近=信頼、のように重なって見えるかもしれない。遠ざかっておけば侵す恐れがないから安心とは言えるし、近づくことは接触を指向するので侵すリスクが不可避(≠安心)とも言える。親しさのコミュニケーションには信頼が欠かせない。

しかし二つの対は別のことを分けている。だから二つの対は異なった対である。敬避のコミュニケーションにおいても安心と信頼の相があっていいはずだが、今のところ、人びとはまだ「安心」を手放したくないように見える。しばらく前に「問題な日本語」として話題になった表現に、

「ご注文の方《ほう》、以上でよろしかったでしょうか？」

というのがあったが（北原二〇〇四）、じつはこの表現を構成する成分には日本語の敬避的表現として新奇なものは何もない。眼前の客の注文に対して「よろしいでしょうか？」と聞くと、〝いま・ここ〟の時空において客の決断を求めることになる。それを避けるために、時を操作的に過去にずらして表現を間接化している――「こうするのがいいと思いますが」よりも「こうするのがいいと思ったんですが」の方が控え目に響くのと同じ原理である。「〜の方」は、人の呼称なら日本語の基本と言ってもよい〝方向〟による間接化表現である――「その方《ほう》」や「北の方《かた》」といった例が思い浮かぶだろう。どちらも日本語のネガティブ・ポライトネス定番の表現形と言える。

ではなぜこの表現が「問題な日本語」なのだろう？　それは、この表現が敬語的な「安心」の表現ではないからである。聞き手となってこの言い方に違和感を覚える人は、このような言い方が自分の知っている「安心」のリストに載っていないことの違和感を語る。つまり、「安心」の基準で問題視され、登録されていないという「不安」が表明されるのである。だから必ず、違和感の表明は「こんな日本語はない」という言い方になる。

どう言われたら心地良いかではなくて、その語や表現や用法が「安心」のリストにあるかどうかだけが問題にされる。そこでは「信頼」はそもそも必要とされていないことになろう。山岸俊男は「安心」と「信頼」の間には逆説的な関係があると言う。

信頼が最も必要とされるのは、「常識的」には信頼がもっとも生まれにくい社会的不確実性の大きな状況においてであり、また「常識的」には信頼が最も育成されやすい安定した関係では信頼そのものが必要とされないという、逆説的な関係である。

（山岸一九九八、1）

敬語によって社会関係の複雑性が大きく縮減されるような場面や状況では、敬語の安心だけが求められ、コミュニケーションの信頼は初めから必要とされていない。山岸の言葉がよく当てはまる。（「信頼」については後で述べる。）

関西方言が日本語を変える？

関西方言の広がりが日本語のコミュニケーションのありようを変える（変えつつある）との仮説的見通しを検証しようとした共同研究がある（陣内・友定編二〇〇五）。その結語的な考察で陣内正敬は、アメリカの社会学者リースマンの時代区分、プレモダン→モダン→ポストモダンが、日本では江戸期→明治百年→現在に相当し、モダニズムの「内部志向型」からポストモダンの「他人志向型」への移行が生じつつあるとしている（陣内二〇〇五）。社会の支配的価値観や権威が内面化されていた時代が終わりをむかえ、他者からの行為期待が自己の行動基準を形成するようになるという転換だが（リースマン『孤独な群衆』）、「日本」という物語を人びとが疑わなかった時代から、良かれ悪しかれそれぞれでは済まないと人びとが思い始めている時代への変遷を考えれば、この区分はそれなりに当てはまっているだろう。そして、他者からの行為期待は「フェイス」に置き換えることができ、それに向けられる顧慮は「ポライトネス」と言ってよい。

陣内は、関西方言がこうしたポストモダン的「他人志向型」に当てはまるところが多いと論じている。たしかに、近畿地方の諸方言、特に大阪方言の特徴として、敬避的な標準語の距離感に対し、相手に積極的に触れようとする点でポジティブ・ポライトネス的な傾きが強い。そうすると、陣内の言う転換は、〃モダン＝ネガティブ・ポライトネス〃から〃ポストモダン＝ポジティブ・ポライトネス〃へという転換ということになるだろうか？　それも生じるだろうが、それだけではない、と本書は考える。大阪ことばの大阪らしさを探った尾上圭介『大阪ことば学』でも、たしかにポジティブ・ポライトネス的な特徴が多く挙げられている。だが本書としては、そうした表れよりも、相手の行為意図を読んで自分の役回りを決めるのが大阪的なコミュニケーションだと述べられる点に注目したい（尾上一九九九、7）。

尾上の書でTV番組の実験として言及される事例に、大阪駅前の交差点の横断歩道で背広の男がいきなり頭上にふりかぶってピッチャーのフリをすれば、向かい側の見知らぬ背広の男がスーッとしゃがんでキャッチャーのフリをしたというものがあった——大阪の人に聞くと、まあそれくらいしそうだという答えが返ってくる。相手が「アホの坂田」の真似をしたがっていると見れば場面を設えてあげること。風邪を引いていないと言う人に「なんとかは風邪引かないから」とツッコミを入れたら、「いそいで引くから待ってて」と返してくれることを期待すること（これは神戸市外大の学生さんが挙げてくれた例）。そうした会話を共同的なコミュニケーションの構えが大阪的（関西的）であると理解する。

これらの例を「安心」の相で語ることは不可能であり、大きな不確定さを前提として、それでもなお相手の行為意図を「信頼」することによって可能となるコミュニケーションである。その意味で、陣内らが日本に広がりつつあると見る関西方言とは「信頼のコミュニケーション」である。山岸の言葉を再び引こう。

信頼は情報処理の単純化によってもたらされるのではなく、逆に、より複雑な情報処理によってもたらされる……（山岸一九九八、2）

言うまでもなく、情報処理の単純化は敬語のコミュニケーションが典型である。信頼のコミュニケーションは、不確定性が大きい分だけ、複雑な情報処理を必要とする。ここで相手にこうしてほしいし、してくれるのではないか、実際してくれたら、ああ通じた、という相互行為である。関西方言が広がるというイメージそのままではお笑いの世界のように具体的すぎて思い描きにくいが、信頼のコミュニケーションというあり方として広がるならば、日本語の姿も変わりそうに思われてくる。

そのようなコミュニケーションを、本書で見てきたものを踏まえ、たとえば次のように描く。

呼ぶ　　　　　　　　（まず触れよ）
気づく　　　　　　　（触れたら共有せよ）
気づいたらほめ　　　（共有を共感に転じ）
ほめられたらほめ返す（共感を返し）
気遣いの踏み込みも　（相手に対する関心を言葉に）
会話はふくらむ　　　（協同で作る会話）

「会話は言葉のキャッチボール」という言い方はいつごろからあるのだろう。実際の会話の記録などを見ているとはっきりわかるが、初対面などで会話が問答のキャッチボールのように進行すると、問い→答え→問い→答え……、と話題が次々に消費され会話は尻すぼみとなり、ついには沈黙がちになってしまう——沈黙に焦った二人が同時に話し始めてしまい、会話がまた止まってしまうこともよく起こる。尾上も書いているが、「会話はキャッチボールではない」と言った方が、きっと会話は楽しい。

4　この先の日本語

配慮しなくなっている人びと？

最近ちょっと不思議な調査結果が公表された。文化庁が毎年行なっている「平成23年度国語に関する世論調査」の中で、気配りなどを表す一四の言い方について使うことがあるかどうかを尋ねたところ、平成一〇年度調査と比較して一四のうち一二の言い方で、使うと答えた人の率が減っていたというものである。人びとは配慮表現を使わなくなっている？とも見えるこの結果は何を表しているだろうか――解釈のしようがなかったのか、新聞などでもほとんど話題にならなかった。

数字が大きく減った言い方には次のようなものが含まれていた（上に今回の数字、下に過去の数字を掲げる）。

（食事を勧めるとき）お口に合うかどうか分かりませんが
　　44・8％　【平成一〇年度】　55・0％
（料理を食べてもらった後で）お粗末でございました
　　27・3％　【平成一〇年度】　36・5％
（人に贈物を渡すとき）つまらないものですが
　　60・8％　【平成一〇年度】　67・8％

たしかに、どれも日本語らしいと（推奨）されてきた典型的な配慮の表現である。10ポイントもの下げははっきりした傾向の変化を物語る。他方で、わずか二つだが数字が増えていた言い方がある。それと、（減少ではあるが）ほぼ横ばいだった一つをあわせて掲げる。

（誘いを断るとき）お伺いしたいのは山々ですが
40・3％　【平成一〇年度】　35・0％

（電話で呼んでもらうとき）もし、お手すきでしたらお電話口までお願いしたいのですが
28・0％　【平成一〇年度】　27・7％

（上達を認められたとき）（先生・皆様の）おかげでございます
52・3％　【平成一〇年度】　53・2％

これら二つのグループを見比べれば、ある特徴に気づかれることと思う。前の三つは典型的な謙遜の表現、すなわちネガティブ・ポライトネスの表現である。これに対し、断りの言葉とほめへの応答の二つは、相手との接触・共有の志向を表明するポジティブ・ポライトネスであり、電話の言葉も、後半に比重を置いて見れば、和らげながらも相手との接触を求め

るやはりポジティブな表現になっている。つまりここには、ネガティブ・ポライトネスからポジティブ・ポライトネスへの選好の変化が、目に見える形で記録されていた。

同じ調査では、公共の場で周囲の人に声をかけるかについての質問もあった。混んだ電車を降りるとき「すみません、降ります」などと声を掛けると回答した人は72・0%、劇場や映画館などで中央の席まで行くとき、途中の席の人に対して「前を失礼します」などと声を掛けると回答した人は81・0%だったが、同じく過去の調査と比べて、それぞれ10ポイントと8ポイント増加していた。表現そのものとしてはどちらも領域侵害の詫びのようなものだからネガティブ・ポライトネスだが、声をかけるかかけないかという次元で見れば、見知らぬ他者との接触を持とうとする人が増えていることの表れである。人びとが、〈遠〉の安心だけではコミュニケーションが充足できないと感じていることが、この二つの事例から見える。

信頼が必要とされるとき

先に引いた山岸の言葉で、信頼が最も必要とされるのは「「常識的」には信頼がもっとも生まれにくい社会的不確実性の大きな状況」だというのがあった。それはどういうときだろう？　典型ではないとしても確実にその一つの例となるのは、災害などで混乱した状況下である。

近年そうした状況下でのコミュニケーションとして話題に上ることが多いのが「ツイッター」――短い（一四〇字以内の）メッセージを自由に投稿したり応答したりできるインターネット上の掲示板――である。3・11の東日本大震災後、家族や友人など知り合いの間での個的な連絡手段として見直され、また災害時にも通信できた強さが買われて政府や自治体などの利用も急増して〝公的〟性格が増しつつあるようだが、それまでは仲間内と匿名性のゆらぎの中で、仲間を含んだ不特定多数に向かって〝つぶやく〟メディアという印象が強かった。そういう中で、知らない者同士がツイッターによってつながりを持ち、励ましたり情報交換をしたりという新しいコミュニケーションの形が注目された。

大震災では、つくば市の避難所における不足物資の支援をツイッターで求め短時間のうちに必要数を集めることができた――しかもこのケースでは、メッセージがくり返し転送されることでいつまでも物資が集まり続ける問題をも回避できた――といった強みを発揮した一方、コンビナート火災により有害物質を含んだ雨が降るというデマが拡散し続けたといった弱点も見せた（吉次二〇一一）。非常に機動性に富み、現場ならではの情報提供や呼びかけができる利点がある反面、情報の真偽が区別しにくく、右の避難所の呼びかけは本物だが、自衛隊が救援物資の支援を呼びかけているという情報はデマだといった見きわめは、たしかに難しい。

こうした経験から、ツイッター自体も「ライフライン」というサービスを始めるなど「安心」のメディアになろうとしているように見えるし、逆に、災害時の「安心」はＮＨＫだねやっぱり、といった揺り戻しもあるかもしれない。それはそれで（どちらも）いいだろう。だが、誰もがつぶやくことのできるツイッターを「安心」の相で語ることは、原理的に無理である。むしろ、そうした性質を持つメディアだからこそ、他者の行為意図を信頼することでしかツイッターは成り立たないと言うべきではないだろうか。ツイッターは信頼できる、のではなく、何であれツイッターでつぶやかれる情報は、信頼がなければ受容できないのである。そういう意味で、ツイッターは間違いなく「信頼のコミュニケーション」のメディアである。

信頼は易しくない。先の山岸の引用にあったように、信頼は複雑な情報処理を要する――高信頼型の人は騙されやすいお人好しではないことを山岸が実験で確かめている。ツイッターなら、情報のソースをたどる、その情報を打ち消している人がいないか確認する、別ルートで真偽を確かめようと試みる、といった行動が必要となる。高信頼型の人は相手がどういう人物かを判断する能力が高いのだという。「信頼のコミュニケーション」はそうした成熟を必要とする。

「作法」に寄りかかってきたこの百年から脱却しようとするならば、見知らぬ他者との交わり方はこの先の日本語のコミュニケーションを決める大きな要素になるだろう。同時に、親しい者同士のコミュニケーションも「親しき仲にも礼儀あり」だけで済ませられないのは明らかである。いずれも、他者と親しく交わるという、「標準語」が想定しなかった側面の表れである。

次の五〇年後かいつのことか、日本語が、成熟した「親しさのコミュニケーション」の担い手になっている姿を思い描きたい。

引用文献

（文学作品や新聞などからの引用元は文中で記した。）

欧文文献（アルファベット順）

Brown, P. and S. C. Levinson（1987［1978］）*Politeness: Some Universals in Language Usage*. Cambridge: Cambridge University Press.［邦訳：P・ブラウン、S・C・レヴィンソン〔田中典子監訳、田中典子・斉藤早智子・津留﨑毅・鶴田庸子・日野壽憲・山下早代子訳〕（二〇一一）『ポライトネス――言語使用における、ある普遍現象』研究社］

Durkheim, É.（1912）*Les formes élémentaires de la vie religieuse: le système totémique en Australie*. Paris: Félix Alcan.［邦訳：E・デュルケム〔古野清人訳〕（一九七五）『宗教生活の原初形態』（岩波文庫）岩波書店］

Jakobson, R.（1963［1960］）Linguistics and poetics. In *Essais de linguistique générale*. Paris: Éditions de Minuit.［邦訳：R・ヤーコブソン〔川本茂雄監修〕（一九七三）「言語学と詩学」『一般言語学』みすず書房］

Luhmann, N.（1973［1968］）*Vertrauen, ein Mechanismus der Reduktion sozialer Komplexität*. 2. Aufl. Stuttgart: Enke.［邦訳：N・ルーマン〔大庭健・正村俊之訳〕（一九九〇）『信頼――社会的な複雑性の縮減メカニズム』勁草書房］

Malinowski, B.（1953［1923］）The problem of meaning in primitive languages. In C. K. Ogden and I. A. Richards（1953）*The Meaning of Meaning: a Study of the Influence of Language upon Thought and of the Science of Symbolism*. London: Routledge & Kegan Paul.［邦訳：B・マリノウスキー「原始言語における意

味の問題」、C・オグデン、I・リチャーズ〔石橋幸太郎訳〕（二〇〇八）『意味の意味』新泉社〕
Radcliffe-Brown, A. R.（1952）*Structure and Function in Primitive Society*. London: Cohen & West.〔邦訳：A・R・ラドクリフ＝ブラウン〔青柳まちこ訳〕（二〇〇二）『未開社会における構造と機能』新泉社〕
Riesman, D.（1950）*The Lonely Crowd: A Study of the Changing American Character*. Yale University Press.〔邦訳：D・リースマン〔加藤秀俊訳〕（一九六四）『孤独な群衆』みすず書房〕

和文文献（五十音順）

李翊燮（イ・イクソプ）・李相億（イ・サンオク）・蔡琬（チェ・ワン）〔梅田博之監修、前田真彦訳〕（二〇〇四）『韓国語概説』大修館書店
イ・ヨンスク（二〇一二〔一九九六〕）『「国語」という思想――近代日本の言語認識』（岩波現代文庫）岩波書店
井出祥子（二〇〇六）『わきまえの語用論』大修館書店
任栄哲（イム・ヨンチョル）・井出里咲子（二〇〇四）『箸とチョッカラク――ことばと文化の日韓比較』大修館書店
上田万年〔安田敏朗校注〕（二〇一一）『国語のため』（東洋文庫）平凡社［上田万年（一八九七）『国語のため』冨山房、上田万年（一九〇三）『国語のため　第二』冨山房］
内山和也（二〇〇六）「台湾日本語学習者における『謝罪を申し出る表現』のテクストの構造について――日本語母語話者によるロールプレイとの比較」『２００６年「語言應用學術研討會」論文選』育達商業技術學院應用日語系
梅田博之（一九九一）『スタンダードハングル講座２　文法・語彙』大修館書店

大石初太郎(一九七四)「敬語の本質と現代敬語の展望」、林四郎、南不二男編『敬語講座1』明治書院
尾上圭介(二〇一〇[一九九九])『大阪ことば学』(岩波現代文庫)岩波書店
梶原しげる(二〇〇八)『すべらない敬語』(新潮新書)新潮社
北原保雄編著(二〇〇四)『問題な日本語——どこがおかしい? 何がおかしい?』大修館書店
曲志強・林伸一(二〇一〇)「日本語と中国語のあいさつ表現について——外国人研究者の特別授業より」『山口国文』33
金水敏(二〇〇三)『ヴァーチャル日本語　役割語の謎』(もっと知りたい!日本語)岩波書店
金田一京助(一九五五)「これからの敬語」『言語学五十年』宝文館
国語審議会建議(一九五二)「これからの敬語」文化庁HP(http://www.bunka.go.jp/kokugo_nihongo/joho/kakuki/01/tosin06/index.html)
国語審議会答申(二〇〇〇)「現代社会における敬意表現」文部科学省HP(http://www.mext.go.jp/b_menu/hakusho/nc/t20001208001/t20001208001.html)
国語調査委員会編纂(一九一三)『口語法別記　全』国定教科書共同販売所
小林隆・澤村美幸(二〇〇九)「言語的発想法の地域差と社会的背景」『東北大学文学研究科研究年報』59
小森陽一(二〇〇〇)『日本語の近代』岩波書店
施暉(二〇〇七)「日中両国におけるあいさつ言語行動についての比較研究——「家庭」でのあいさつを中心に」、彭飛編『日中対照言語学研究論文集——中国語からみた日本語の特徴、日本語からみた中国語の特徴』和泉書院
篠崎晃一(一九九六)「家庭におけるあいさつ行動の地域差」『言語学林1995−1996』三省堂
柴田武(一九八八)「日本人の敬語」『敬語セミナA−Z』(『国文学』33−15)学燈社

陣内正敬(二〇〇五)「関西弁の広がりと日本語のポストモダン」、陣内正敬・友定賢治編『関西方言の広がりとコミュニケーションの行方』和泉書院
鈴木孝夫(一九八一)「『あいさつ』とは何か」、文化庁編『あいさつと言葉』(「ことば」シリーズ14)大蔵省印刷局
鈴木睦(一九九七)「日本語教育における丁寧体世界と普通体世界」、田窪行則編『視点と言語行動』くろしお出版
滝浦真人(二〇〇五)『日本の敬語論――ポライトネス理論からの再検討』大修館書店
滝浦真人(二〇〇八a)『ポライトネス入門』研究社
滝浦真人(二〇〇八b)「〈距離〉と〈領域〉の語用論――日韓対照ポライトネス論のために」、森雄一・西村義樹・山田進・米山三明編『ことばのダイナミズム』くろしお出版
滝浦真人(二〇〇九)『山田孝雄――共同体の国学の夢』(再発見 日本の哲学)講談社
張群(二〇〇八)「詫び表現の中日対照研究――ポライトネスの観点から」(二〇〇七年度修士論文)麗澤大学大学院言語教育研究科
辻加代子(二〇〇九)『「ハル」敬語考――京都語の社会言語史』ひつじ書房
陶智子・綿抜豊昭監修(二〇〇八)『文献選集　近代日本の礼儀作法』日本図書センター
内藤敬子(二〇〇一)「あいさつとしての『叫人』発話について」『アジアの歴史と文化』5、山口大学アジア歴史・文化研究会
中西太郎(二〇〇九)「東北地方のあいさつ表現の分布形成過程――朝の出会い時の表現を中心にして」『東北文化研究室紀要』51、東北大学大学院文学研究科東北文化研究室
野口武彦(一九九四)『三人称の発見まで』筑摩書房

橋本治(二〇〇五)『ちゃんと話すための敬語の本』(ちくまプリマー新書)筑摩書房
橋本治(二〇一〇)『言文一致体の誕生』(失われた近代を求めてⅠ)朝日新聞出版
文化審議会答申(二〇〇七)「敬語の指針」文化庁ＨＰ
(http://www.bunka.go.jp/bunkashingikai/soukai/pdf/keigo_tousin.pdf)
文化庁(二〇一二)「平成23年度『国語に関する世論調査』の結果の概要」文化庁ＨＰ
(http://www.bunka.go.jp/kokugo_nihongo/yoronchousa/h23/pdf/h23_chosa_kekka.pdf)
穂積陳重(一九一九)『諱に関する疑』(帝国学士院第一部論文集 邦文第二号)帝国学士院〔現代語訳：穂積陳重〔穂積重行校訂〕(一九九二)『忌み名の研究』(講談社学術文庫)講談社〕
甫守謹吾(一九一六)『国民作法要義』巻の上、金港堂〔陶・綿抜編(二〇〇八)に再録〕
松田薫(一九九一)『「血液型と性格」の社会史』河出書房新社
三浦雅士(一九九四)『身体の零度――何が近代を成立させたか』(講談社選書メチエ)講談社
三井はるみ(二〇〇六)「おはようございます、こんばんは」『月刊言語』35―12、大修館書店
文部省調査(一九一一)『師範学校・中学校　作法教授要項』宝文館
(国立国会図書館近代ライブラリー：http://kindai.ndl.go.jp/info:ndljp/pid/811190/18)
安田敏朗(一九九七)『帝国日本の言語編制』世織書房
安田敏朗(二〇〇六)『「国語」の近代史――帝国日本と国語学者たち』(中公新書)中央公論新社
安田敏朗(二〇〇七)『国語審議会――迷走の60年』(講談社現代新書)講談社
矢野智司(二〇〇八)『贈与と交換の教育学――漱石、賢治と純粋贈与のレッスン』東京大学出版会
山岸俊男(一九九八)『信頼の構造――こころと社会の進化ゲーム』東京大学出版会
山口節郎(一九八六)「世界の複雑性と自己準拠システム(N・ルーマン)」、作田啓一・井上俊編『命題コレ

クション　社会学』筑摩書房
横山験也（二〇〇九）『明治人の作法――躾けと嗜みの教科書』（文春新書）文藝春秋
吉次由美（二〇一一）「東日本大震災に見る大災害時のソーシャルメディアの役割――ツイッターを中心に」『放送研究と調査』（二〇一一年七月号）NHK放送文化研究所
劉峰（二〇〇九）「中日あいさつ行動の対照研究――語用論の観点から」（二〇〇八年度修士論文）麗澤大学大学院言語教育研究科

あとがき

「標準語」のことを一度考えてみたいと思っていた。わたしたちが普通だと思っている標準語の所作は、じつはずいぶんと丁寧で堅苦しいもののように思われたからだ。調べていくと、この言葉が「作法」につながっているところが見えた。どこか〝作り物〟のにおいが取れないまま一世紀が経ち、日本語の呼吸は息苦しそうに感じられた。たぶん日本語は変わらなければならない。では何が、どちらの方へ？　その問いに答えが出せるか心もとなかったが、他人《ひと》の頭を借りながら、自分の思考を跡づけることならできるかもしれないと考えた。どの程度できているか、読んでくださった方のご判断をまちたい。

いくつかの講演等で本書の構想を話す機会をいただいた。韓国外国語大学の韓美卿先生、アダム・ミツキェヴィチ大学のアルカディウシュ・ヤブオニスキ先生（国際日本学会議「日本――21世紀の新しい挑戦」ポーランド・ポズナニ市）、日本学術会議（21期）の庄垣内正弘先生（シンポジウム「日本語の将来」）をはじめとする諸先生方に厚くお礼申し上げたい。

この本を書くことは何度も諦めかけた。諦めさせてくれなかった岩波書店編集部の浜門麻美子さんと奈良林愛さん、シリーズ・エディターの諸先生方、とくに井上優先生、ありがとうございました。

支えてくださったすべての方にこの本を捧げます。

二〇一三年一月

滝浦　真人

滝浦真人
放送大学教授.
1962年岩手県生まれ. 東京大学文学部卒業, 同大学院人文科学研究科言語学専門課程博士課程中退.
専門は言語学, とくに語用論と対人コミュニケーション論(ポライトネス論). 著書に『日本の敬語論』(大修館書店), 『ポライトネス入門』(研究社), 『山田孝雄』(講談社), 『お喋りなことば』(小学館)など.

〈そうだったんだ! 日本語〉
日本語は親しさを伝えられるか

2013年4月24日 第1刷発行

著 者 滝浦真人《たきうらまさと》

発行者 山口昭男

発行所 株式会社 岩波書店
〒101-8002 東京都千代田区一ツ橋 2-5-5
電話案内 03-5210-4000
http://www.iwanami.co.jp/

印刷・製本 法令印刷

ISBN 978-4-00-028622-0 Printed in Japan